DIREITOS HUMANOS

JOSÉ CLAUDIO MONTEIRO DE BRITO FILHO
Doutor em Direito das Relações Sociais pela PUC/SP. Professor Titular da Universidade da Amazônia. Professor do Programa de Pós-Graduação em Direito da Universidade Federal do Pará. Membro do Conselho Editorial da Revista Jurídica da Presidência. Membro da Câmara do Boletim Científico da Escola Superior do Ministério Público da União.

DIREITOS HUMANOS

EDITORA LTDA.
© Todos os direitos reservados

Rua Jaguaribe, 571
CEP 01224-001
São Paulo, SP – Brasil
Fone (11) 2167-1101
www.ltr.com.br
Março, 2015

Produção Gráfica e Editoração Eletrônica: LINOTEC
Projeto de Capa: FABIO GIGLIO
Impressão: GRÁFICA PIMENTA

Versão impressa: LTr 5205.7 — ISBN: 978-85-361-8285-8
Versão digital: LTr 8638.1 — ISBN: 978-85-361-8333-6

Dados Internacionais de Catalogação na Publicação (CIP)
(Câmara Brasileira do Livro, SP, Brasil)

Brito Filho, José Claudio Monteiro de
    Direitos humanos / José Claudio Monteiro de Brito Filho. -- São Paulo : LTr, 2015.

    Bibliografia

    1. Direitos humanos - Brasil I. Título.

15-01128   CDU-347.121.1(81)

Índice para catálogo sistemático:
1. Brasil : Direitos humanos : Direito civil 347.121.1(81)

SUMÁRIO

APRESENTAÇÃO 7

NOTA DO AUTOR 11

1. GENERALIDADES: DEFININDO O OBJETO DE ESTUDO 15

2. COMPREENDENDO OS DIREITOS HUMANOS 19
   2.1. Denominação e definição 20
   2.2. Classificação 29

3. FUNDAMENTO DOS DIREITOS HUMANOS 39

4. PRESSUPOSTOS PARA UMA CONCEPÇÃO COMPLETA E PARA A REALIZAÇÃO DOS DIREITOS HUMANOS 47
   4.1. A justiça como equidade, de john rawls, com apoio da igualdade de recursos, de Ronald Dworkin, como a teoria da justiça que melhor sustenta a ideia de Direitos Humanos 47
   4.2. Pressupostos dos Direitos Humanos 69

5. CARACTERÍSTICAS DOS DIREITOS HUMANOS 73
   5.1. Universalidade 74
   5.2. Superioridade normativa, indivisibilidade, interdependência, indisponibilidade e exigibilidade 88

6. REALIZAÇÃO DOS DIREITOS HUMANOS NO BRASIL 95
   6.1. Incorporação dos Tratados de Direitos Humanos ao ordenamento jurídico brasileiro 96
   6.2. Exigibilidade.. 101

7. CONSIDERAÇÕES FINAIS 117

REFERÊNCIAS BIBLIOGRÁFICAS... 125

Apresentação

É sempre uma tarefa instigante apresentar um estudo de José Claudio Monteiro de Brito Filho. Instigante, pois Zé Claudio – como o chamamos, nós, seus colegas e amigos de Ministério Público do Trabalho – é uma pessoa que provoca o tempo todo. Às vezes de forma impulsiva, inclusive, mas sempre com uma sabedoria e com um ar contestador que nos tira da zona de conforto. Aliás, sua impulsividade verbal dá um charme especial às suas constantes provocações.

O mérito intelectual e técnico de Zé Claudio é incontestável e reconhecido de todos há muito tempo. Por isso não vou me ater a esta sua faceta, pois pecaria pela repetição. Como o estudo que ora apresento trata de Direitos Humanos, vou focar o lado humano do nosso autor, que não é demasiadamente humano, não... É humano no ponto, na essência.

Zé Claudio tem uma capacidade de trabalho inesgotável. Apesar de suas inúmeras atividades, nunca recusa um novo desafio. Eu mesma já perdi a conta das oportunidades em que o acionei, para as mais diversas atividades. De integrante de Banca Examinadora do 13º Concurso Público para Ingresso na Carreira de Procurador do Trabalho a Professor Conteudista de Especialização à Distância da ESMPU (Escola Superior do Ministério Público do Trabalho), exatamente no Curso "Direitos Humanos e Trabalho". Da Coordenação Nacional da Coordigualdade (Coordenadoria Nacional de Combate à Discriminação e Promoção da Igualdade de Oportunidades nas Relações de Trabalho do MPT) a um sem fim de atividades institucionais, inclusive de representação. Ele sempre encara os desafios com vigor, seriedade e uma objetividade que poucas pessoas conseguem imprimir aos seus atos.

Quando a vida nos pregou um susto – a ele e aos que estão ao seu redor, familiares e amigos – e o deixou com um coração artificial por mais de 15 dias, parecia que o mundo estava em câmera lenta, parecia que o mundo tinha perdido uma engrenagem, parecia que estávamos desamparados e sem chão, pois era inimaginável ficarmos sem as provocações dele, sem a sua sabedoria, a sua seriedade, a sua honestidade de propósitos. Felizmente, Zé Claudio tratou de colocar este "susto" no seu devido lugar e o espantou para bem longe. E "voltou" mais humano, com mais humanidade na essência.

Foi, no entanto, obrigado a se afastar do Ministério Público do Trabalho, por conta de resquícios de uma lei previdenciária ultrapassada. Mas isso teve o seu lado positivo, pois pôde dedicar 100% de seu tempo a criar, a pesquisar e, principalmente, a transmitir aos seus alunos toda sua rica experiência prática, permeada por sua capacidade intelectual.

Não é a toa que o início da sua atenção aos Direitos Humanos deu-se como Procurador do Trabalho, na constatação real das condições de vida de uma grande parcela da população que consegue seu sustento graças a sua força de trabalho e, por conta disso, muitas vezes, submete-se a condições gritantemente degradantes, que atentam contra um dos princípios basilares da República Federativa do Brasil: a dignidade da pessoa humana.

Por esta vivência fora do gabinete e das salas de aula e constatando o real "in loco", tampouco é por acaso que Zé Claudio é identificado como um dos precursores juristas trabalhistas a considerar as questões laborais muito além da sua conformidade com os padrões de monetarização tão defendidos ainda hoje. Zé Claudio centrou sua atuação ministerial no elemento humano da tensa relação capital-trabalho.

A partir daí, para fundamentar esta forma de encarar sua função como Procurador do Trabalho, começou a buscar fundamentos teóricos, que também renderam uma infinidade de artigos científicos (alguns em forma de crônicas jornalísticas). Depois, aprofundando seus estudos, os levou para a academia, primeiro, na pós-graduação em Direito da Universidade Federal do Pará e, depois, na graduação. E aqui surge a consolidada produção jurídica daquele Zé que todos conhecem, respeitam e admiram.

Não tenho a mais remota dúvida de que o que faz Zé Claudio se destacar dentre os juristas que dedicam suas vidas ao estudo dos Direitos Humanos é sua personalidade permanentemente questionadora e sua vivência prática. Estas suas características pessoais permeiam toda sua obra.

Para felicidade da comunidade jurídica – e também daqueles além do mundo jurídico, com sede de saber – aqui está mais uma obra de José Claudio Monteiro de Brito Filho, publicado pela Editora LTr, que condensa toda sua argumentação teórica como Procurador do Trabalho e Professor, em Direitos Humanos. Mais uma vez com aquela sua conhecida prosa fluida e agradável, que nos transporta a uma realidade cruel, mas que apresenta os caminhos para que os malefícios sejam paulatinamente minimizados em curto prazo e eliminados num futuro que oxalá não seja distante. O foco é sempre o elemento humano aliado a uma técnica apurada. O que só é possível graças a humanidade no ponto, na essência, do nosso autor.

A todos, uma excelente leitura!

Brasília, agosto de 2014.

SANDRA LIA SIMÓN
Subprocuradora-Geral do Trabalho. Conselheira Nacional do Ministério Público (biênio 2009/2011). Procuradora-Geral do Trabalho (biênios 2003/2005 e 2005/2007). Vice-Presidente da Associação Nacional dos Procuradores do Trabalho (biênio 2000/2002). Mestre em Direito Constitucional pela PUC/SP.

NOTA DO AUTOR

Minha relação com os Direitos Humanos não é exatamente linear. Quando cursei a graduação, o mestrado e o doutorado não existia essa disciplina ou não fazia parte do percurso curricular obrigatório.

Não fazia parte, também, do programa dos concursos públicos a que me submeti, na Procuradoria Geral do Estado do Pará e no Ministério Público do Trabalho, nem do concurso para professor auxiliar do Departamento de Direito Social da Universidade Federal do Pará, nas décadas de 1980 e 1990.

Meu contato com os Direitos Humanos, então, ocorreu primeiro em minha atuação como membro do Ministério Público do Trabalho, como forma de agregar valor às discussões que fazia, na busca de soluções mais justas para as demandas coletivas dos trabalhadores. Meu aprendizado, dessa feita, foi primeiro prático, e só depois teórico, sendo construído paulatinamente.

Isso fica claro na leitura de dois de meus livros: *Discriminação no trabalho* e *Trabalho decente*[1], em que é possível vislumbrar uma evolução do pensamento e a ampliação dos temas relacionados aos Direitos Humanos.

Depois veio o ensino. Primeiro na pós-graduação, nos cursos de mestrado e doutorado do Programa de Pós-Graduação em Direito da Universidade Federal do

---

(1) O primeiro foi publicado pela LTr em 2002, e o segundo, também pela LTr, em 2004, estando agora na 3ª edição (2013).

Pará – PPGD-UFPA, inicialmente em disciplina denominada Direitos Humanos e Discriminação, depois em disciplina obrigatória do Programa, denominada Teoria dos Direitos Humanos.

Só depois comecei a lecionar a disciplina Direitos Humanos na graduação em Direito, também da UFPA, em 2009, em duas turmas, em uma delas sendo aluno meu filho mais velho, Luis Antonio, o que serviu de motivação extra para ampliar minhas atividades nessa área.

Do ano seguinte em diante passei a lecionar a mesma disciplina no curso de graduação em Direito da Universidade da Amazônia (Unama), o que venho fazendo até hoje.

Foi quando tive a ideia de ampliar os textos que já vinha escrevendo regularmente, e que são utilizados nos livros e artigos que tenho publicado, reunindo-os em ensaio que pudesse, principalmente, servir como base para as discussões que apresento em sala de aula.

Essa oportunidade, todavia, ainda não havia surgido, até que fui convidado por Sandra Lia Simón, hoje Subprocuradora-Geral do Trabalho, para participar na formulação do conteúdo de curso de especialização denominado Direitos Humanos e Trabalho, promovido pela Escola Superior do Ministério Público da União (ESMPU).

Coube-me a parte inicial, o Módulo I, e que foi intitulado de Direitos Humanos e Trabalho: Fundamentos Teóricos. Escrevi, então, um texto que discutia as primeiras noções de Direitos Humanos, dando destaque aos seus fundamentos teóricos, que era o que pedia o programa.

Aproveitei, por óbvio, a experiência acumulada no ato de lecionar a disciplina por mais ou menos 10 anos, acrescentando os conhecimentos que venho adquirindo nas áreas da Filosofia Política e da Filosofia Moral, e que são a parte principal das matérias que, atualmente, leciono na pós-graduação em Direito em sentido estrito, na UFPA e na Unama, tanto em disciplinas que discutem as teorias da justiça, com destaque para o liberalismo de princípios, como em disciplina em que a temática é a realização dos direitos sociais.

O texto escrito para a ESMPU é a base deste livro, com os acréscimos necessários à sua adaptação para o conteúdo programático da disciplina Direitos Humanos como é lecionada na graduação em Direito da Unama, mas, também, acolhendo as sugestões de conteúdo que me foram apresentadas pela Mestre em Direito pela Universidade Federal do Paraná e Procuradora do Trabalho Cláudia Honório, que também fez uma leitura crítica do texto apresentado à ESMPU, e comigo participou do Módulo I, eu como responsável pelo conteúdo, e ela pela tutoria. Por toda essa contribuição, apresento meus sinceros agradecimentos.

Agradeço, também, à Professora Ruth Abejdid, que fez a revisão do texto que serve de base para esta obra, assim como à UFPA e à Unama, onde tenho a oportunidade de lecionar as disciplinas que me proporcionaram e proporcionam os conhecimentos necessários para que o estudo fosse feito.

Um agradecimento especial à amiga Sandra Lia Simón, pela confiança em mim depositada, materializada no convite para elaborar o conteúdo da disciplina inicial do curso de especialização que coordena, como citado anteriormente.

Dedico este livro, como sempre faço, e com o mesmo amor, aos meus filhos, Luis Antonio e João Augusto, e à minha mulher, Lucianna. Para eles — e por causa deles — os meus êxitos.

1

GENERALIDADES: DEFININDO O OBJETO DE ESTUDO

Qualquer estudo, que é sempre parcial e finito, requer que sejam feitas opções. Assim, mesmo um estudo a respeito dos Direitos Humanos[1] significa adotar estratégias que indicam o que, na visão do autor, é o mais importante em relação a essa temática, embora seja claro que há aspectos importantes que não podem ser deixados de lado no estudo desse conjunto ou dessa parcela do saber, e isso será considerado.

Dessa feita, para compatibilizar a necessidade de fazer opções, não abandonando, todavia, o que não pode ser deixado de lado em estudo que trata dessa temática, escolhi a forma mais tradicional de abordagem, que é, também, penso, a mais didática, mesclando as questões mais comuns com aspectos que julguei deveriam ser também discutidos em estudo que trata de Direitos Humanos[2].

---

(1) A opção pelas letras maiúsculas iniciando essas palavras não é simples questão de escolha. Direitos Humanos é expressão que será grafada desta forma sempre que eu a estiver utilizando no sentido de subsistema jurídico, na perspectiva de um conjunto normativo específico, ou como uma disciplina integrante da Ciência do Direito, em perspectiva didática.

(2) Importante observar que este texto leva em consideração, principalmente, os livros e artigos escritos por mim ao longo dos últimos dez anos e que, normalmente, são citados ao longo do estudo. Para aqueles que já os conhecem, então, será natural e verdadeiro acreditar que já leram tal e qual parte em outro momento. Não são os mesmo textos, todavia, quer porque eles foram, na minha forma de ver, aperfeiçoados, quer porque sofreram significativas modificações, em razão dos objetivos deste escrito, que é discutir as noções mais básicas a respeito dos Direitos Humanos.

Alguns desses aspectos são óbvios e não significam, acredito, mais uma opção teórica dentre as diversas existentes, como, por exemplo, o uso da concepção de Kant a respeito da dignidade da pessoa humana, pois, entendo, ela sustenta a única concepção adequada de Direitos Humanos.

Outras opções teóricas, contudo, podem ser indicadas como mais "arrojadas", ou, pelo menos, passíveis de serem contraditadas. É a utilização, ainda como exemplo, do liberalismo de princípios de Rawls e de Dworkin como a concepção de justiça mais apropriada para sustentar uma ideia completa de Direitos Humanos. Nesse caso, isso ocorre porque julgo crucial realizar uma discussão a respeito de qual, dentre as diversas teorias da justiça, melhor sustenta uma ideia completa de Direitos Humanos ou algo que se aproxime dessa ideia.

De qualquer sorte, como minha intenção é a de apresentar uma visão mais consistente, de acordo com minha leitura, dos fundamentos teóricos dos Direitos Humanos, isso exige que eu tenha posicionamentos bem definidos, não para impedir uma discussão mais aberta a respeito das questões, mas sim, pelo contrário, para suscitar essa discussão a partir de posições que pretendo demarcar nitidamente[3].

A respeito da estrutura do livro, ele está dividido em sete capítulos. O primeiro, define o objeto de estudo, indicando as opções feitas. O segundo tratará de questões introdutórias, como denominação, definição e classificação. O terceiro tencionará discutir a existência de um único fundamento para os Direitos Humanos, baseando-se na concepção de dignidade da pessoa humana formulada por Kant. O quarto discutirá os pressupostos para que se tenha uma concepção completa de Direitos Humanos, tomando por base o liberalismo de princípios, que foi inaugurado por John Rawls. O quinto estará centrado na principal característica dos Direitos Humanos: a universalidade, além de discutir outras. Já, no sexto, a discussão versará a respeito da realização dos Direitos Humanos. Por fim, no sétimo e último capítulo, serão apresentadas considerações finais, com destaque para a fundamentação dos Direitos Humanos, ou seja, para a discussão a respeito da natureza das normas que compõem esse conjunto.

---

(3) Imagino que alguns sentirão falta, como é natural, de algumas referências teóricas, ao menos na proporção em que, pensam, deveriam ser utilizadas. Não se trata, claro, de desapreço por ideias contrárias, mas, a consequência de cortes que é necessário estabelecer. Talvez a falta mais sentida seja a não utilização, com intensidade, da Teoria Crítica aplicada aos Direitos Humanos, mas a leitura do texto em sua íntegra, com as opções que vou fazer, demonstrará por que ela não foi por mim manejada, ao menos em seu favor. De qualquer sorte, não me furto de sugerir a leitura de texto a respeito de Direitos Humanos que toma por base a Teoria Crítica e que está inteiramente na internet, organizada por David Sánchez Rúbio, Joaquín Herrera Flores e Salo de Carvalho, e denominada *Direitos humanos e globalização*: fundamentos e possibilidades desde a teoria crítica. 2. ed. Porto Alegre: EDIPUCRS, 2010. Disponível em: <http://www.pucrs.br/edipucrs/direitoshumanos.pdf>. Acesso em: 10 maio 2014. Por outro lado, cabe referir, também, a obra de Joaquín Herrera Flores, *Teoria crítica dos direitos humanos*: os direitos humanos como produtos culturais (Tradução e revisão de Luciana Caplan e outros. Rio de Janeiro: Lumen Juris, 2009), que será discutida, em parte, mais adiante.

É importante, também, neste primeiro momento, registrar que a questão central deste livro pode ser resumida a uma única pergunta: qual a melhor concepção de Direitos Humanos? É o que pretendo, ao longo do texto, responder, centrando meus esforços em sustentar três afirmações, principalmente: primeiro, que há uma única concepção adequada de Direitos Humanos; segundo, que isso decorre do fato de existir um único fundamento para os Direitos Humanos; e, terceiro, que se deve invocar uma única teoria de justiça como apta a sustentar uma ideia completa de Direitos Humanos.

Encerrando essas considerações iniciais, quero observar que, para possibilitar a apresentação de diversos pensamentos a respeito dos temas aqui discutidos, até como forma de estimular novas leituras, optei por utilizar o maior número possível de fontes, doutrinárias e normativas, mesmo aquelas, no caso da primeira opção, cujos fundamentos não sigo, tendo, todavia, o cuidado de deixar isso, sempre, registrado.

2

COMPREENDENDO OS DIREITOS HUMANOS

Neste capítulo, pretendo iniciar o estudo das noções relativas aos Direitos Humanos a partir de três noções básicas: denominação, definição e classificação.

É que, embora parte dessas noções só se complete após serem apresentadas outras questões, como o fundamento dos Direitos Humanos, e sua principal característica, a universalidade, é preciso, ao início, pelo menos, fixar ideias básicas a respeito do objeto de estudo e de como ele pode e deve ser visto, ainda que, em certos aspectos, isso seja feito, neste primeiro momento, precariamente.

Importante observar, ainda, que a denominação dada a este espaço, *Compreendendo os Direitos Humanos*, evidentemente poderia ser aplicada a todo o livro. Ela serve aqui, todavia, para indicar que, das noções que serão apresentadas, essas são as mais básicas de todas.

Farei isso dividindo o capítulo em duas partes: na primeira discutirei, em conjunto, denominação e definição, porque acredito que esta é, se não a única, a melhor forma de tratar desses aspectos. Antes de encerrar o item, todavia, reservarei um espaço para discutir duas noções importantes, que não se confundem com os Direitos Humanos, mas que podem ser vistas como sendo parte desse conjunto, e que são denominadas de mínimo existencial e necessidades humanas básicas.

Já na segunda parte, ocupar-me-ei da classificação dos Direitos Humanos, primeiro, sob a perspectiva tradicional, e, depois, sob uma perspectiva estritamente jurídica, que venho defendendo já há algum tempo. Não deixarei também de, ao final, tecer alguns comentários a uma divisão mais simples dos Direitos Humanos, embora seja mais comum que seja feita em relação aos Direitos Fundamentais, e que se relaciona à postura do Estado na concessão dos direitos, na forma de uma simples abstenção, ou na forma de prestações.

2.1. DENOMINAÇÃO E DEFINIÇÃO

É comum ouvir que Direitos Humanos é uma expressão polissêmica, pela multiplicidade de sentidos em que pode ser utilizada. Embora eu reconheça que ocorre, na prática, essa utilização ampliada, é preciso, desde logo, indicar que essa é uma ideia inadequada, do ponto de vista técnico-científico.

Direitos Humanos é expressão que tem significação única, e é necessário que assim seja, em prol da existência e do fortalecimento dessa ideia, que só pode subsistir a partir da noção de que os Direitos Humanos são um conjunto de direitos básicos, mínimos, indispensáveis, de todos os seres humanos.

O que ocorre é que, em certos casos, utiliza-se a denominação Direitos Humanos em prol de uma defesa mais limitada de direitos, ou de um só direito, ou, então, nomina-se como de Direitos Humanos a defesa de um – ou mais de um – direito que não está definido como tal, baseando-se essa defesa, normalmente, ou em sua importância[1], ou por conta da situação particular de determinado grupo, ainda que isso não represente a vontade de todos ou a necessidade de proteção de todos, criando dúvidas onde isso não deveria existir.

Isso pode ocorrer tanto por desconhecimento da amplitude dos direitos que compõem esse conjunto, como por consequência de uma atuação localizada. A esse respeito, basta exemplificar com a atuação que mais desperta incompreensões de considerável parcela da sociedade e, às vezes, de parte da imprensa. É comum que, havendo relatos de tratamento inadequado nos estabelecimentos prisionais, entidades que têm por objetivo a defesa dos Direitos Humanos, como a OAB e outras, ofereçam denúncias contra as condições observadas, bem como apoio aos apenados e suas famílias na busca de uma situação que garanta dignidade para suas vidas, e que está prevista tanto na Constituição da República como na Lei de Execução Penal (Lei n. 7.210, de 11 de julho de 1984).

Nesse caso, é claro que a defesa dos Direitos Humanos dos apenados e, às vezes, de suas famílias, ocorre em um âmbito mais localizado e que não reflete a amplitude do que se conhece como Direitos Humanos, e as próprias entidades

---

[1] Defendo, o que ficará claro ao longo de todo o texto, que um direito deve ser considerado como integrante dos Direitos Humanos pela sua essencialidade, pela sua indispensabilidade para todas as pessoas, não somente porque tal e qual direito é importante. É que a importância justifica a existência de todas as normas jurídicas e não somente dos Direitos Humanos. Não se tutela pelo Direito qualquer interesse a não ser pela sua importância, que decorre da possibilidade de ser ele pretendido, de forma antagônica, por mais de uma pessoa, causando uma lesão, ou uma ameaça de lesão.

que promovem a defesa têm consciência disso. E a atuação em espaço limitado é natural, pois as violações, no exemplo, também são limitadas a um espaço determinado. Não é incomum, todavia, que a defesa que é feita seja vista como sendo feita em favor de algo que se compõe somente do objeto da discussão, ou seja, como se nada mais houvesse que pudesse ser classificado como tal. Daí surge, como decorrência lógica, não só uma visão limitada de um conjunto que é bem mais amplo, mas também, o que é mais grave, até, para quem somente enxerga esse universo restrito, uma conotação negativa.

Há, também, em certos casos, a tentativa de utilizar concepção de Direitos Humanos que não é a mais adequada, como na segunda hipótese listada mais acima, subordinando-se essa concepção ao saber local, mesmo quando a cultura de um determinado agrupamento humano é contrária ao próprio conjunto normativo definido no plano internacional como de Direitos Humanos.

Imagine-se que determinado povo, por exemplo, no continente africano[2], entenda cabível a dominação de gênero, impondo sérias restrições aos direitos das mulheres, e sustente que essa é uma questão de Direitos Humanos, amparando-se genericamente no direito à autodeterminação previsto no art. 20 da Carta Africana dos Direitos Humanos e dos Povos[3], ainda que isso conflite diretamente com a Declaração Universal dos Direitos Humanos (DUDH), por exemplo, nos artigos I e II[4], ou com o Pacto Internacional de Direitos Civis e Políticos – PIDCP, nos artigos 2º, I e 26[5].

---

(2) Aqui não se trata de uma visão depreciativa dos povos da África, mas, somente a possibilidade, como será visto ainda neste parágrafo, de usar exemplo a partir de visão distorcida que se pode dar a um direito humano importante, e que é previsto no mais importante instrumento normativo regional de Direitos Humanos daquele continente.

(3) O art. 20, 1, da Carta dispõe: "Todo povo tem direito à existência. Todo povo tem um direito imprescritível e inalienável à autodeterminação. Ele determina livremente o seu estatuto político e assegura o seu desenvolvimento econômico e social segundo a via que livremente escolheu". Ver em: <http://www.dhnet.org.br/direitos/sip/africa/banjul.htm>. Acesso em: 25 abr. 2014.

(4) Os artigos I e II da Declaração Universal dos Direitos Humanos dispõem: "Artigo I – Todas as pessoas nascem livres e iguais em dignidade e direitos. São dotadas de razão e consciência e devem agir em relação umas às outras com espírito de fraternidade; Artigo II – Toda pessoa tem capacidade para gozar os direitos e as liberdades estabelecidos nesta Declaração, sem distinção de qualquer espécie, seja de raça, cor, sexo, língua, religião, opinião política ou de outra natureza, origem nacional ou social, riqueza, nascimento, ou qualquer outra condição". Disponível em: <http://portal.mj.gov.br/sedh/ct/legis_intern/ddh_bib_inter_universal.htm>. Acesso em: 28 abr. 2014.

(5) O art. 2, I, do PIDCP, preceitua: "Os Estados Partes do presente pacto comprometem-se a respeitar e garantir a todos os indivíduos que se achem em seu território e que estejam sujeitos a sua jurisdição os direitos reconhecidos no presente Pacto, sem discriminação alguma por motivo de raça, cor, sexo, língua, religião, opinião política ou de outra natureza, origem nacional ou social, situação econômica, nascimento ou qualquer condição". Já o art. 26 prescreve: "Todas as pessoas são iguais perante a lei e têm direito, sem discriminação alguma, a igual proteção da Lei. A este respeito, a lei deverá proibir qualquer forma de discriminação e garantir a todas as pessoas proteção igual e eficaz contra qualquer

Evidente que, nesse caso, a prática cultural, além de não encontrar amparo na disposição genérica contida no instrumento normativo regional, e que também está prevista no art. 1º, tanto do PIDCP, como do Pacto Internacional dos Direitos Econômicos, Sociais e Culturais (Pidesc), representa, ainda, relação que é claramente repudiada pelas normas básicas em matéria de Direitos Humanos. A essa questão voltarei mais adiante, quando for tratar da característica da universalidade e de que modo ela impede que práticas culturais contrárias aos Direitos Humanos possam prevalecer.

Antes de avançar, todavia, de forma mais completa na questão da definição, pois a que foi acima apresentada ainda está incompleta, porque não indica, ao menos sob o signo de seu fundamento, o que justifica o conjunto que se denomina Direitos Humanos, é preciso, primeiro, começar com a denominação.

A esse respeito, Almir de Oliveira, em pesquisa realizada, encontrou, entre outras, as seguintes: "Direitos do Homem, Direitos Individuais, Direitos Humanos, Direitos Fundamentais, Direitos Fundamentais do Homem, Direitos da Pessoa Humana e Direitos Humanos Fundamentais"[6].

Esse autor, depois de analisar essas denominações, opondo a elas as objeções que entendeu pertinentes, fixa posição no sentido de ser a melhor delas a expressão "Direitos Humanos Fundamentais", alicerçando-se, resumidamente, no fato de ser a pessoa humana o pressuposto dos direitos humanos, sendo os direitos humanos fundamentais os que, inerentes à pessoa, "não lhe podem ser negados, mas, ao contrário, devem-lhe ser reconhecidos pelas outras pessoas em particular, pela sociedade em geral e pelo Estado, que lhes devem acatamento, respeito e proteção"[7].

Essa denominação é também a adotada por Alexandre de Moraes[8] e por Manoel Gonçalves Ferreira Filho, embora o último a utilize como sinônimo, ainda, de Direitos Humanos e Direitos Fundamentais[9].

Penso que não é a melhor denominação, pois significa fazer a soma de dois conjuntos de direitos que, embora possam ter a mesma finalidade, que é enunciar direitos indispensáveis da pessoa humana, são distintos.

É como afirma Willis Santiago Guerra Filho, que estabelece a distinção entre as duas denominações: direitos humanos e direitos fundamentais.

---

discriminação por motivo de raça, cor, sexo, língua, religião, opinião política ou de outra natureza, origem nacional ou social, situação econômica, nascimento ou qualquer outra situação". No Brasil, o PIDCP foi aprovado pelo Congresso Nacional por meio do Decreto Legislativo n. 226, de 12 de dezembro de 1991, e promulgado pelo Decreto n. 592, de 6 de julho de 1992. Disponível em: <http://www.planalto.gov.br/ccivil_03/decreto/1990-1994/D0592.htm>. Acesso em: 28 abr. 2014.

(6) *Curso de direitos humanos*. Rio de Janeiro: Forense, 2000. p. 47-54.

(7) *Ibidem*, p. 11-15 e 54.

(8) *Direitos humanos fundamentais*. São Paulo: Atlas, 2000. p. 39.

(9) *Direitos humanos fundamentais*. São Paulo: Saraiva, 1999. p. 14.

Para esse autor:

> De um ponto de vista histórico, ou seja, na dimensão empírica, os direitos fundamentais são, originalmente, direitos humanos. Contudo, estabelecendo um corte epistemológico, para estudar sincronicamente os direitos fundamentais, devemos distingui-los, enquanto manifestações positivas do direito, com aptidão para a produção de efeitos no plano jurídico, dos chamados direitos humanos, enquanto pautas ético-políticas, situadas em uma dimensão suprapositiva, deonticamente diversa daquela em que se situam as normas jurídicas – especialmente aquelas de direito interno[10].

Quem também faz distinção, sob viés um pouco diferente, é Fábio Konder Comparato, afirmando que a doutrina jurídica contemporânea classifica os direitos fundamentais como os direitos humanos "consagrados pelo Estado como regras constitucionais escritas"[11]. Observe-se, a propósito, que, ao contrário do que possa, à primeira vista, parecer, Comparato não está indicando os Direitos Fundamentais como espécies dos Direitos Humanos, mas sim enfatizando o que, de fato, os diferencia, isto é, que são conjuntos construídos por diferentes centros de poder[12], no caso os Direitos Humanos pelos organismos internacionais formados pela união de Estados soberanos, e os Direitos Fundamentais no plano interno de cada um desses estados soberanos.

Outro que faz essa distinção é Sarlet, da seguinte forma:

> ... "direitos humanos" (ou direitos humanos fundamentais[13]), compreendidos como direitos da pessoa humana reconhecidos pela ordem jurídica internacional e com pretensões de validade universal, e "direitos fundamentais", concebidos como aqueles direitos (dentre os quais se destacam os direitos humanos[14]) reconhecidos e positivados na esfera do direito constitucional. Da mesma forma, registra-se que não se cuida de noções reciprocamente excludentes ou incompatíveis, mas, sim, de dimensões cada vez mais relacionadas entre si, o que não afasta a circunstância de se cuidar de expressões reportadas a esferas distintas de positivação, cujas consequências práticas não podem ser desconsideradas[15].

---

(10) Direitos fundamentais, processo e princípio da proporcionalidade. In: GUERRA FILHO, Willis Santiago (Coord.). *Dos direitos humanos aos direitos fundamentais*. Porto Alegre: Livraria do Advogado Editora, 1997. p. 12.

(11) *A afirmação histórica dos direitos humanos*. São Paulo: Saraiva, 1999. p. 210.

(12) Entes ou pessoas capazes de produzir norma jurídica.

(13) Expressão que rejeito, pelo motivo já apresentado.

(14) O autor, aqui, deve estar falando dos Direitos Humanos já incorporados ao ordenamento jurídico, com *status* de Direito Fundamental.

(15) In: SARLET, Ingo Wolfgang; MARINONI, Luiz Guilherme; MITIDIERO, Daniel. *Curso de direito constitucional*. São Paulo: Editora Revista dos Tribunais, 2012. p. 251.

Adoto a distinção entre Direitos Humanos e Direitos Fundamentais com a seguinte observação: direitos fundamentais devem ser considerados como os reconhecidos pelo Estado, na ordem interna, como necessários à dignidade da pessoa humana. É que, não obstante Direitos Humanos e Direitos Fundamentais tenham definições baseadas na necessidade de seu reconhecimento como forma de garantir a dignidade da pessoa humana, eles diferem no sentido de que nem sempre haverá coincidência entre ambos, pois, além de ser comum que, no plano interno dos Estados, nem todos os Direitos Humanos consagrados no plano internacional sejam reconhecidos, é comum também que alguns direitos só sejam reconhecidos como fundamentais em algum ou em alguns Estados. Tome-se como exemplo o acréscimo de um terço na remuneração de férias, consagrado como direito fundamental dos trabalhadores pela Constituição Brasileira (art. 7º, XVII) que, somente na situação particular do Brasil, pode ser considerado como desdobramento do direito a justas condições de trabalho. *Idem* para o 13º salário (também no art. 7º, agora no inciso VIII).

Ainda a respeito da denominação, penso que a melhor é a que vem sendo utilizada prioritariamente nos instrumentos normativos e pela maior parte da doutrina: Direitos Humanos, e que é a tradução literal da expressão em inglês *human rights*. É possível, ainda, utilizar a denominação Direitos do Homem que, seguramente, decorre de seu uso na Declaração Francesa dos Direitos do Homem e do Cidadão. Assim, o uso dessa denominação nada mais é que a tradução da denominação em francês: *Droits de l'Homme*. Nesse sentido, as duas denominações podem ser utilizadas indistintamente, por terem o mesmo significado. Registro minha preferência pela primeira, que será a utilizada ao longo do texto, até porque é possível emprestar à expressão Direitos do Homem uma suposta forma de representar uma relação de dominação, na perspectiva do gênero, o que é de todo indesejável.

Cabe referir, todavia, para finalizar a questão da discussão a respeito da denominação, que, para Paulo Bonavides, que revela clara preferência pela denominação Direitos Fundamentais, esta, Direitos Humanos e Direitos do Homem possuem a mesma significação, estando a que ele opta por utilizar "circunscrita à preferência dos publicistas alemães"[16].

Passando agora à definição, ou melhor, definições, é preciso, em primeiro lugar, indicar que a total compreensão das definições que serão apresentadas depende de três questões que serão apresentadas um pouco adiante: a universalidade como característica dos Direitos Humanos, a dignidade da pessoa humana como fundamento desse conjunto e a indispensabilidade desse conjunto para a realização de qualquer plano de vida das pessoas.

Em segundo lugar, quero esclarecer que o fato de serem apresentadas duas definições não significa que elas sejam excludentes. Não, apenas são apresentadas sob a ótica de diferentes aspectos da Filosofia.

---

(16) *Curso de direito constitucional*. 28. ed. São Paulo: Malheiros Editores, 2013. p. 578.

A primeira leva em consideração um elemento central da Filosofia Moral Kantiana e é, seguramente, a preferida daqueles que, acertadamente[17], relacionam os Direitos Humanos à dignidade da pessoa humana.

Nessa perspectiva, os Direitos Humanos constituem o conjunto de direitos indispensáveis à preservação da dignidade do ser humano, em qualquer lugar do planeta.

Note-se que, nessa definição, duas das questões indicadas acima, mas que serão, repito, explicadas adiante, estão presentes: a universalidade e a dignidade da pessoa humana.

Já a segunda definição é apresentada a partir de uma linguagem típica da Filosofia Política e relaciona os Direitos Humanos ao objetivo primordial das pessoas, que é a busca do cumprimento de seu plano de vida, qualquer que seja esse plano de vida, ou seja, independentemente dos interesses que pretendam as pessoas explorar e priorizar, crítico ou volitivo[18], e das realizações que pretendam implementar: de bem-estar ou de condição de agente[19], em suma, direitos que as pessoas necessitarão em qualquer hipótese, quer tenham mais interesses relacionados à sua própria vida, ou, ao contrário, à vida da comunidade, quer queiram direcionar seus esforços mais fortemente para o seu específico bem-estar, ou, também, por outro lado, queiram que esses esforços sejam feitos, principalmente em prol da sociedade.

Sob essa ótica, Direitos Humanos constituem o conjunto de direitos indispensáveis para que qualquer pessoa possa praticar os atos necessários ao cumprimento de seu plano de vida.

Note-se, para encerrar esse aspecto, que o elemento comum das duas definições é a existência de um conjunto de direitos tidos como indispensáveis, e esse elemento comum é que conduz à afirmação feita, no início do capítulo, de que há uma significação única para a ideia de Direitos Humanos, que não está relacionada somente à importância desses direitos, mas à sua indispensabilidade, à sua essencialidade.

Antes de passar para o item seguinte, todavia, quero apresentar algumas considerações ao que se vem denominando mínimo existencial e, também, às necessidades humanas básicas.

---

(17) Aqui, embora esteja presente um juízo de valor meu, penso que ele reflete a concepção dominante, que faz relação direta entre os Direitos Humanos e a dignidade, como será visto mais adiante, quando exposto o pensamento kantiano a respeito desta última.

(18) A respeito dessa discussão, ver, de Ronald Dworkin, o capítulo 6 do livro A virtude soberana: a teoria e a prática da igualdade. 2. ed. Tradução de Jussara Simões. São Paulo: Editora WMF Martins Fontes, 2011. p. 331-397.

(19) Aqui, sugiro ler, de Amartya Sen, o capítulo 4 de Desigualdade reexaminada. 2. ed. Tradução de Ricardo Doninelli Mendes. Rio de Janeiro: Record, 2008. p. 103-126.

Registro que há uma certa cizânia entre os autores que trabalham essas noções, a respeito de qual seria a mais adequada, no sentido de mais completa, para sustentar a ideia de satisfação das necessidades humanas, sendo adequado apresentar, além das noções do que sejam, também os argumentos que são esgrimidos pelos autores.

Começarei pelas necessidades humanas básicas.

Para Alessandro Santos de Miranda, que considerada superada a teoria dos mínimos existenciais, "as *necessidades humanas básicas* são as necessidades universais, nascidas da caracterização humana, sem as quais a estrita condição física encontra-se sob a ameaça de sérios prejuízos de sobrevivência". Esse autor, amparando-se em Doyal e Gough, faz coro à existência de duas necessidades humanas básicas, satisfeitas sempre em nível coletivo, e que são a saúde física e a autonomia do indivíduo. Para ele, a "saúde implica as necessidades quimiobiofisiológicas, ao passo que a autonomia engloba a saúde mental, a habilidade cognitiva e a oportunidade de participação"[20].

Entende ainda Alessandro Santos de Miranda que a Constituição Brasileira tomou por base, para estabelecer os direitos sociais fundamentais, não o que chama de "conceito restritivo de mínimos existenciais", mas sim o que defende, que são as necessidades humanas básicas, que para ele são "o conteúdo essencial que deve objetivamente compor os direitos sociais fundamentais", e que indica como sendo (aqui faço as indicações de forma sintética, para evitar uma longa transcrição): a educação; a saúde; a alimentação; o trabalho; a moradia; o ócio; a segurança; a previdência e a assistência sociais, a proteção à mulheres, à infância, à juventude, à terceira idade e à família; a assistência aos indefesos ou desamparados; e outros, como a cultura e o meio ambiente[21].

Com igual objetivo de garantir aos indivíduos seus direitos mais básicos, mas, em direção contrária, está Paulo Gilberto Cogo Leivas. Com as mesmas referências teóricas antes utilizada por Alessandro Santos de Miranda, que são Doyal e Gough, Leivas defende que "[a]s necessidades humanas básicas estipulam o que as pessoas precisam alcançar se elas querem evitar prejuízos graves"[22].

O que ele pretende, no entanto, é, a partir daí, chegar ao conceito de mínimo existencial. Antes, porém, busca a fundamentação do direito ao mínimo existencial, e, nesse ponto, depois de relatar que isso normalmente ocorre vinculado ao princípio da dignidade da pessoa humana, e que, na doutrina alemã, os direitos sociais, dentre eles o mínimo existencial, são também "fundamentados no direito à liberdade fática, como corolário do direito geral de liberdade", chega à conclusão de que, no Brasil, a fundamentação pode ser extraída das próprias normas que

---

(20) *Ativismo judicial na promoção dos direitos sociais*. São Paulo: LTr, 2013. p. 67.
(21) *Ibidem*, p. 69-72.
(22) *Teoria dos direitos fundamentais sociais*. Porto Alegre: Livraria do Advogado, 2006. p. 124.

prescrevem os direitos sociais que serão considerados parte do mínimo existencial, havendo, para ele, todavia um problema, que é o de que essas normas regulam para além do que considera ser o mínimo existencial, o que exigiria uma delimitação[23].

Faz isso Leivas definindo o direito ao mínimo existencial, que para ele é: "o direito à satisfação das necessidades básicas, ou seja, direito a objetos, atividades e relações que garantem a saúde e a autonomia humana e, com isso, impedem a ocorrência de dano grave ou sofrimento em razão da deficiência de saúde ou impossibilidade de exercício da autonomia". Complementa essa ideia afirmando que o nível de satisfação "garantido pelo direito ao mínimo existencial" é a "máxima satisfação das necessidades básicas e intermediárias em nível de um *ótimo mínimo*"[24].

E essa lista é retirada da lição que Leivas toma dos autores que são a sua referência teórica, Doyal e Gough, a partir das necessidades intermediárias ou agentes de satisfação das necessidades, lista essa que é a seguinte: "alimentos nutritivos e água limpa, moradia protegida, um ambiente laboral desprovido de riscos, um ambiente físico desprovido de riscos, atenção à saúde apropriada, segurança na infância, segurança econômica, educação apropriada, segurança no controle de nascimentos, na gravidez e no parto".[25]

Observe-se, em relação aos dois autores, que eles, não obstante discrepem da denominação que se deve dar ao conjunto, trabalham com as mesmas referências, e chegam a resultados que não são tão dessemelhantes assim, salientando todavia Leivas que, no mínimo existencial, nem toda a proteção das normas que tratam dos direitos sociais estará presente.

Mais econômica em relação aos direitos que compõem o mínimo existencial é Ana Paula de Barcellos que, tendo como proposta apresentar de forma concreta esse mínimo, e tomando por base a Constituição Brasileira, concebe um mínimo existencial que se compõe de "quatro elementos, três materiais e um instrumental, a saber: a educação fundamental, a saúde básica, a assistência aos desamparados e o acesso à justiça"[26].

Essa economia, a propósito, fica clara em outro texto da autora, quando ela afirma, expressamente, depois de se referir aos direitos sociais, econômicos e culturais: "[o] mínimo existencial, como se verá, nada mais é que um conjunto formado por uma seleção desses direitos, tendo em vista principalmente sua essencialidade, dentre outros critérios"[27].

---

(23) *Teoria dos direitos fundamentais sociais*. Porto Alegre: Livraria do Advogado, 2006. p. 134.

(24) *Ibidem*, p. 135.

(25) *Ibidem*, p. 124-125.

(26) *A eficácia jurídica dos princípios constitucionais*: o princípio da dignidade da pessoa humana. Rio de Janeiro: Renovar, 2002. p. 258.

(27) O mínimo existencial e algumas fundamentações: John Rawls, Michael Walzer e Robert Alexy. In: TORRES, Ricardo Lobo (Org.). *Legitimação dos direitos humanos*. Rio de Janeiro: Renovar, 2002. p. 14.

Aqui se vislumbra uma concepção desse conjunto, o mínimo existencial, que é um paradoxo, caso se considere o conjunto maior em que ele está inserido: os Direitos Humanos. É que estes já são estabelecidos a partir da ideia de essencialidade. Como, então, selecionar, dentro do que já é essencial, algo essencial, ou seja, com idêntico significado? Todos os Direitos Humanos são essenciais e, por isso, ou se toma o mínimo existencial como os direitos de 2º dimensão, os direitos econômicos, sociais e culturais, ou então esse conjunto é insuficiente, e deve ser visto tão somente como uma estratégia do Tribunal Constitucional Federal Alemão para uma situação específica, mas não como algo capaz de delimitar, em definitivo, o que é essencial em termos de direitos de igualdade para os seres humanos, pois isso já é feito, melhor, e de forma mais ampla, pelos instrumentos normativos que dispõem a respeito, repito, dos direitos econômicos, sociais e culturais.

De qualquer sorte, é possível haver visão ainda mais restritiva, como se verifica com Ricardo Lobo Torres, que somente aceita a jusfundamentalidade dos direitos sociais quando dentro do espectro do conjunto referido como mínimo existencial, o que significa dizer que, em contrário, ou seja, quando os direitos sociais não estiverem contidos nesse conjunto mais restrito que é o mínimo existencial, não serão considerados fundamentais[28].

Ainda a respeito desse autor, cumpre observar que ele, para reconhecer a jusfundamentalidade dos direitos sociais transformados em mínimo existencial postula a "metamorfose dos direitos de justiça em direitos da liberdade", como se somente estes últimos pudessem ser considerados fundamentais. Faz isso, a propósito, louvando-se em interpretação que faz da concepção de John Rawls que não comungo, como se poderá vislumbrar no Capítulo 4, item 1[29].

Antes de avançar, cabe referir que as ideias de Ricardo Lobo Torres podem ser cabíveis na esfera específica dos Direitos Fundamentais, caso assim reconhecidos por um hipotético Estado soberano que considere como fundamentais somente uma gama limitada de direitos de igualdade, ou de justiça, mas jamais seriam reconhecidas no plano mais amplo dos Direitos Humanos, pois, nessa órbita, todos os direitos estão tocados pela essencialidade, como ficará claro ao longo deste livro, e não apenas um conjunto menor. Não podem ser cabíveis, também, na hipótese do Brasil, pois o texto constitucional brasileiro é claro e expresso a respeito da jusfundamentalidade de todos os direitos sociais, e não de somente alguns.

Em sentido mais amplo é o pensamento de Cláudia Honório, ao menos como intepreto as ideias dessa autora, pois foge da ideia restritiva de considerar o mínimo existencial como somente o básico dos direitos de igualdade, ou o mínimo vital, em suas palavras. Diz a autora, a respeito da leitura que fez dos julgados dos tribunais:

---

(28) A metamorfose dos direitos sociais em mínimo existencial. In: SARLET, Ingo Wolfgang (Org.). *Direitos fundamentais sociais*: estudos de direito constitucional, internacional e comparado. Rio de Janeiro: Renovar, 2003. p. 1.

(29) *Ibidem*, p. 3.

A respeito do conteúdo que se tem atribuído ao mínimo existencial pelos tribunais pátrios, não se encontrou julgado que considerou o mínimo existencial como apenas o mínimo vital. Trata-se de ponto positivo, pois se percebe que o ser humano, para ter sua dignidade respeitada, sua autonomia propiciada, necessita muito mais do que apenas sobreviver a cada dia. Constatou-se que a existência supera qualitativamente a sobrevivência[30].

Sendo assim, suas ideias são bem semelhantes às de Alessandro Santos de Miranda, cujas ideias discuti um pouco acima, e, então, aproximam-se das minhas, pois só posso conceber uma ideia de mínimo existencial, ou de necessidades humanas básicas, caso estejam presentes todos os direitos de igualdade reconhecidos no conjunto normativo internacional que trata dos Direitos Humanos. Menos que isso seja retirar do ser humano o que é essencial para uma vida digna.

2.2. CLASSIFICAÇÃO

A História, na classificação tradicional, determina a forma como, principalmente, os Direitos Humanos são divididos. É que é pelo reconhecimento dos direitos como integrantes dessa pauta mínima de direitos que se faz a classificação tradicional, e ela leva em conta seu aparecimento, primeiro, na história de determinadas sociedades; depois, na história mundial.

Para a compreensão dessa afirmação, mas sem a pretensão de fazer, de forma completa, uma evolução histórico-normativa dos Direitos Humanos, é possível indicar, do ponto de vista do surgimento dos Direitos Humanos, os seguintes momentos, com os documentos, normativos ou não, que os caracterizam:

Primórdios: Magna Carta[31]. Esse documento, assinado pelo Rei João, na Inglaterra, em 15 de junho de 1215, é, com certeza, a referência mais importante em relação ao momento anterior ao reconhecimento dos Direitos Humanos. Não é, ainda, um documento que deva ser considerado como, propriamente, de Direitos Humanos, pois, embora se tenha, pela Magna Carta, criados direitos, em princípio aplicáveis a todos os homens livres, legislou-se especialmente para um conjunto minoritário de pessoas, dententoras de considerável poder, como nobres e membros do clero.

Primeiro momento dos DH: As Declarações de Direitos. As declarações são documentos nacionais, mas em que já são enunciados valores, princípios e direitos

---

(30) HONÓRIO, Cláudia. *Olhares sobre o mínimo existencial em julgados brasileiros.* Dissertação de mestrado defendida no Programa de Pós-Graduação em Direito da Universidade Federal do Paraná. Curitiba, 2009. Disponível em: <http://dspace.c3sl.ufpr.br/dspace/bitstream/handle/1884/17942/claudia1.pdf?sequence=1>. Acesso em: 9 maio 2014. p. 285.

(31) Ver em <http://www.direitoshumanos.usp.br/index.php/Documentos-anteriores-%C3%A0--cria%C3%A7%C3%A3o-da-Sociedade-das-Na%C3%A7%C3%B5es-at%C3%A9-1919/magna-carta-1215-magna-charta-libertatum.html>. Acesso em: 7 maio 2014.

caros à ideia de Direitos Humanos. Na ordem em que foram feitas, são as seguintes: Declaração de Direitos Inglesa ou *Bill of Rights* (1689)[32]; Declaração da Independência dos Estados Unidos da América (1776)[33]; Declaração Francesa dos Direitos do Homem e do Cidadão (1789)[34]. Elas são importantes porque enunciam direitos que, mais adiante, serão reconhecidos como a base dos Direitos Humanos relacionados à liberdade das pessoas[35].

Segundo momento: Para além do direito individual. Chamo esse momento dessa forma porque, nele, o que estava em jogo não era mais o puro e simples interesse individual, mas direitos reclamados pelas coletividades e pelos grupos, especialmente os agrupamentos de trabalhadores. Destacam-se nesse momento: o Manifesto Comunista (1848)[36]; a Constituição Mexicana (1917)[37]; a Constituição Alemã (1919)[38]. Do período, pode-se ainda mencionar a Encíclica *Rerum Novarum*, do Papa Leão XIII (1891)[39], e a criação da OIT (1919)[40].

Momento da consolidação: surgimento de uma ideia global de Direitos Humanos. Agregando os dois momentos anteriores e dando início, de maneira mais intensa, ao movimento de consolidação dos Direitos Humanos sob um formato mais global, menos dependente da ação isolada dos Estados, vista anteriormente, quando estes tinham um olhar mais voltado para seus próprios domínios, pode-se citar três documentos de inegável importância, todos da Organização das Nações unidas: a

---

(32) Ver em <http://www.direitoshumanos.usp.br/index.php/Documentos-anteriores-%C3%A0--cria%C3%A7%C3%A3o-da-Sociedade-das-Na%C3%A7%C3%B5es-at%C3%A9-1919/a-declaracao--inglesa-de-direitos-1689.html>. Acesso em: 7 maio 2014.

(33) Ver em <http://agal-gz.org/faq/lib/exe/fetch.php?media=gze-ditora:declaracao_da_independencia_eua.pdf>. Acesso em: 7 maio 2014.

(34) Ver em <http://pfdc.pgr.mpf.mp.br/atuacao-e-conteudos-de-apoio/legislacao/direitos-humanos/declar_dir_homem_cidadao.pdf>. Acesso em: 7 maio 2014.

(35) A Declaração de Independência Americana faz isso, cabe ressaltar, de uma forma distinta, enunciando comportamentos que são contrários a ideais e direitos que são reconhecidos como válidos. Fábio Konder Comparato, a propósito da Declaração de Independência Americana, indica como notável o fato "de ser o primeiro documento a afirmar os princípios democráticos, na história política moderna" (*A afirmação histórica dos direitos humanos*. São Paulo: Saraiva, 1999. p. 89).

(36) Ver em <http://www.pstu.org.br/sites/default/files/biblioteca/marx_engels_manifesto.pdf>. Acesso em: 7 maio 2014.

(37) A constituição do México de 1917, como se acha atualmente em vigor, pode ser verificada em <http://www.diputados.gob.mx/LeyesBiblio/pdf/1.pdf>. Acesso em: 7 maio 2014.

(38) Também denominada de Constituição de Weimar. Seu texto integral, em inglês, pode ser visto em <http://www.zum.de/psm/weimar/weimar_vve.php>. Acesso em: 7 maio 2014.

(39) Ver em <http://www.vatican.va/holy_father/leo_xiii/encyclicals/documents/hf_l-xiii_enc_15051891_rerum-novarum_po.html>. Acesso em: 7 maio 2014.

(40) A OIT foi criada no bojo do Tratado de Versalhes, na parte XIII, que se compõe dos artigos 387 a 399. Informações breves a respeito podem ser vistas em <http://www.oitbrasil.org.br/content/hist%C3%B3ria>. Acesso em: 7 maio 2014.

Declaração Universal dos Direitos Humanos (1948)[41]; o Pacto Internacional dos Direitos Civis e Políticos (PIDCP) (1966)[42]; e, o Pacto Internacional dos Direitos Econômicos, Sociais e Culturais (Pidesc) (1966)[43].

Movimentos regionais: os Direitos Humanos em suas versões continentais. Iniciando-se quase simultaneamente ao que denomino de momento da consolidação, é possível identificar o surgimento de movimentos regionais de Direitos Humanos, havendo três documentos que identificam esse movimento: a Convenção Europeia de Direitos Humanos (1950)[44]; a Convenção Americana sobre Direitos Humanos, ou Pacto de São José da Costa Rica (1969)[45]; e a Carta Africana dos Direitos Humanos e dos Povos (1981)[46]. Do período, também, e com importância para o continente americano, há o Protocolo de São Salvador (1988), que é o protocolo adicional à Convenção Americana sobre Direitos Humanos que normatiza, no plano do continente, os direitos econômicos, sociais e culturais[47].

Terceiro momento: os direitos de toda a humanidade. Rompendo um espaço que estava contido dentro dos ideais da liberdade e da igualdade, surge, a partir de década de 1970, ainda que de forma tímida, a ideia de Direitos Humanos que teriam como titulares toda a comunidade mundial ou, em certos casos, direitos de ao menos toda uma comunidade nacional[48]. São destaques desse momento: a Con-

---

(41) Como já indicado em nota, anteriormente, ver em <http://portal.mj.gov.br/sedh/ct/legis_intern/ddh_bib_inter_universal.htm>. Acesso em: 28 abr. 2014.

(42) Como também indicado antes, ver em <http://www.planalto.gov.br/ccivil_03/decreto/1990-1994/D0592.htm>. Acesso em: 28 abr. 2014.

(43) O PIDESC pode ser visto, na versão oficial em português, em <http://www.planalto.gov.br/ccivil_03/decreto/1990-1994/D0591.htm>. Acesso em: 7 maio 2014.

(44) Embora também seja chamada de Convenção Europeia dos Direitos do Homem, ela é denominada oficialmente de Convenção para a Proteção dos Direitos do Homem e das Liberdades Fundamentais. A Convenção pode ser vista, na íntegra, em <http://www.echr.coe.int/Documents/Convention_POR.pdf>. Acesso em: 7 maio 2014.

(45) No Brasil, a Convenção americana sobre Direitos Humanos foi promulgada pelo Decreto n. 678, de 6 de 11 de 1992. Seu texto em português, na versão oficial, está Disponível em: <http://www.planalto.gov.br/ccivil_03/decreto/1990-1994/anexo/and678-92.pdf>. Acesso em: 7 maio 2014.

(46) Já indicada em nota, mais acima, no item anterior.

(47) O protocolo foi aprovado no Brasil, pelo Congresso Nacional, por meio do Decreto Legislativo n. 56, de 19 de abril de 1995, e promulgado pelo Presidente da República por intermédio do Decreto n. 3.321, de 30 de dezembro de 1999. Versão em português está disponível no *site* da Comissão Interamericana de Direito Humanos, em <http://www.cidh.oas.org/basicos/portugues/e.Protocolo_de_San_Salvador.htm>. Acesso em: 24 jun. 2014.

(48) Como o direito ao desenvolvimento. Incluo aqui, também, o direito à autodeterminação, enunciado desde os Pactos Internacionais (PIDCP e Pidesc), mas apresentado com mais substância na Carta Africana dos Direitos Humanos e dos Povos, além de mesclado ao direito ao desenvolvimento.

venção relativa à Proteção do Patrimônio Mundial, Cultural e Natural (1972)[49]; e a Convenção sobre o Direito do Mar (1982), com destaque, na última, para o art. 136[50].

Agora, feita essa breve apresentação, em perspectiva histórica, dos principais documentos de Direitos Humanos que foram produzidos, a maior parte com natureza normativa, é possível compreender como a doutrina dominante classifica esses direitos. Majoritariamente, são reconhecidas três gerações ou dimensões de Direitos Humanos[51], e que tomam por base três ideais distintos: a liberdade, a igualdade e a fraternidade, mas que estão claramente relacionados ao aparecimento histórico dos direitos deles decorrentes, nos três momentos acima apresentados. Isso abre espaço para que outras gerações ou dimensões dos Direitos Humanos sejam reconhecidas, ainda que a doutrina dominante ainda não siga essa direção, de forma concreta, salvo em casos mais isolados, embora importantes, como será visto mais adiante.

Tratando rapidamente de cada uma dessas gerações ou dimensões, pode-se, a respeito da primeira, a dimensão da liberdade, ou, como também é denominada, dos direitos civis e políticos, dizer o seguinte: os Direitos Humanos iniciaram englobando as chamadas liberdades públicas ou direitos civis e políticos, os quais, segundo Willis Santiago Guerra Filho, "são direitos e garantias dos indivíduos a que o Estado omita-se de interferir em uma sua esfera juridicamente intangível"[52].

Exemplos desses direitos são, entre outros: direito à vida, liberdade de manifestação do pensamento, proibição de tortura, proibição de escravidão ou servidão, direito de votar e de ser votado, direito de exercer cargos públicos.

---

(49) Promulgada, no Brasil, pelo Decreto n. 80.978, de 12 de dezembro de 1977. Disponível em: <http://www2.cultura.gov.br/site/wp-content/uploads/2007/10/decreto-80978.pdf>. Acesso em: 9 maio 2014.

(50) O texto da convenção está Disponível em: <http://www.direitoshumanos.usp.br/index.php/Table/Conven%C3%A7%C3%A3o-das-Na%C3%A7%C3%B5es-Unidas-sobre-o-Direito-do-Mar-1982/>. Acesso em: 9 maio 2014. O art. 136 da convenção dispõe: "A Área e seus recursos são patrimônio comum da humanidade". No Brasil, é importante fazer referência ao Decreto n. 4.361, de 5 de setembro de 2002, que "Promulga o Acordo para Implementação das Disposições da Convenção das Nações Unidas sobre o Direito do Mar de 10 de dezembro de 1982 sobre a Conservação e Ordenamento de Populações de Peixes Transzonais e de Populações de Peixes Altamente Migratórios".

(51) Observe-se que esta divisão é dos direitos indispensáveis das pessoas, como reconhecidos no plano internacional, isto é, dos Direitos Humanos. Não confundir com a classificação dos Direitos Fundamentais, que deve obedecer à forma como tais direitos são estruturados em cada estado soberano. No Brasil, a propósito, a divisão dos Direitos Fundamentais deve respeitar o que consta do Titulo II da Constituição da República, que trata dos Direitos e Garantias Fundamentais. Nele, os quatro primeiros capítulos definem a forma como os Direitos Fundamentais são divididos: direitos (e garantias) individuais e coletivos, direitos sociais, direitos de nacionalidade e direitos políticos.

(52) Direitos fundamentais, processo e princípio da proporcionalidade. In: GUERRA FILHO, Willis Santiago (Coord.). *Dos direitos humanos aos direitos fundamentais*. Porto Alegre: Livraria do Advogado Editora, 1997. p. 13.

A segunda geração ou dimensão é dos direitos de igualdade ou, como são denominados, de forma mais ampla, dos direitos econômicos, sociais e culturais. A respeito destes, conforme Alexandre de Moraes, a partir do início do século XX reconheceram-se como integrantes dos Direitos Humanos, também, os direitos econômicos, sociais e culturais, passando os primeiros, os civis e os políticos, a serem considerados direitos humanos de primeira geração e, estes últimos, como direitos humanos de segunda geração[53], às vezes denominados, simplesmente, direitos sociais, ou direitos de justiça.

Dentre estes pode-se exemplificar, como direito econômico, a justa remuneração pelo trabalho; como direito social, o direito à saúde; e como direito cultural, o direito de participar da vida cultural e artística da comunidade.

Por fim, reconheceu-se a existência de outros direitos que deveriam ser classificados como direitos humanos. Eles seriam, principalmente, segundo Manoel Gonçalves Ferreira Filho, "o direito à paz, o direito ao desenvolvimento, o direito ao meio ambiente e o direito ao patrimônio comum da humanidade"[54].

De acordo com esse autor, esses direitos seriam os direitos de fraternidade e classificar-se-iam como de terceira geração[55].

Quem adota essa classificação, em três gerações, por exemplo, é Antonio-Henrique Pérez Luño, reconhecendo que a evolução histórica dos direitos é determinante para a divisão. É que, para esse autor, os Direitos Humanos vão sofrendo uma mutação histórica, o que confere a cada geração um perfil ideológico definido[56].

Para Willis Santiago Guerra Filho, que em vez de gerações prefere falar em dimensões, os primeiros Direitos Humanos seriam direitos do indivíduo, os seguintes da coletividade e, os últimos, do próprio gênero humano[57].

Prefiro essa última denominação, dimensões dos Direitos Humanos, em vez de gerações. É que, não obstante se possa falar em gerações, dando sentido cronológico aos Direitos Humanos, ou seja, classificando-os a partir de seu reconhecimento, tal classificação, além de tornar possível a ideia incorreta de superação de uma geração por outra, o que não é o caso, ainda possibilita, como já alertei anteriormente, a ampliação das gerações.

---

(53) *Direitos humanos fundamentais*. São Paulo: Atlas, 2000. p. 45.
(54) *Direitos humanos fundamentais*. São Paulo: Saraiva, 1999. p. 58.
(55) *Ibidem*, p. 57.
(56) *La tercera generación de derechos humanos*. Navarra – España: Editorial Aranzadi, 2006. p. 27.
(57) Direitos fundamentais, processo e princípio da proporcionalidade. In: GUERRA FILHO, Willis Santiago (Coord.). *Dos direitos humanos aos direitos fundamentais*. Porto Alegre: Livraria do Advogado Editora, 1997. p. 13.

Essa classificação, embora dominante, não me parece que seja a melhor. Prefiro vincular a classificação dos Direitos Humanos ao que me parece ser o principal fenômeno jurídico: o interesse, que significa a relação, o elo que liga a pessoa aos bens da vida.

Antes de tratar da classificação que proponho, é preciso dizer que, em certos casos, mesmo para os que seguem a classificação feita nos moldes convencionais, e como já havia salientado linhas atrás, entre os autores há algumas discordâncias, no tocante a alguns aspectos, especialmente quanto ao número de dimensões ou gerações de Direitos Humanos.

Celso Lafer, por exemplo, além de aludir à possibilidade de haver o reconhecimento de uma quarta geração[58] dos Direitos Humanos, entende que as duas primeiras (primeira e segunda) têm como titular o indivíduo, enquanto nas duas seguintes (terceira e quarta) há a passagem da titularidade para uma dimensão coletiva[59].

Já Paulo Bonavides vai mais além, propondo que se reconheçam cinco gerações, contendo a quarta geração os direitos à democracia, à informação e ao pluralismo e, a quinta, o direito à paz, que é deslocado da terceira geração[60].

Voltando à classificação que quero apresentar, que leva em consideração o interesse protegido, e aproveitando o que foi exposto por Guerra Filho, como indicado logo anteriormente, pode-se dizer que: a primeira dimensão relaciona-se aos direitos individuais; a segunda relaciona-se aos interesses das coletividades e dos grupos, aos direitos coletivos em sentido estrito, a partir da divisão dos interesses coletivos proposta pelo art. 81, parágrafo único, da Lei n. 8.078/1990, o Código de Defesa do Consumidor; e a terceira dimensão refere-se aos interesses difusos (por exemplo, o meio ambiente como patrimônio comum da humanidade) e, às vezes, aos interesses públicos primários (por exemplo, o direito ao desenvolvimento ou o direito à autodeterminação dos povos)[61].

Na verdade, o que se tem nessa classificação é a preservação da mesma divisão que é feita na classificação tradicional para os Direitos Humanos, ou seja, em três dimensões, e com os mesmos ideais: liberdade, igualdade e fraternidade. A única alteração que é feita diz respeito ao elemento que dá sustentação à divisão, que na

---

(58) O autor faz opção expressa pelo vocábulo gerações.

(59) *A reconstrução dos direitos humanos*: um diálogo com o pensamento de Hannah Arendt. 5ª reimpressão. São Paulo: Companhia das Letras, 2003. p. 132. Registro que, para uma compreensão mais completa das ideias de Celso Lafer, é recomendável a leitura ao menos das p. 125 a 134.

(60) Ver, do autor citado, *Curso de direito constitucional*. 28. ed. São Paulo: Malheiros Editores, 2013. p. 578-613.

(61) Ver mais a respeito no meu texto *Direitos humanos*: algumas questões recorrentes: em busca de uma classificação jurídica. (In: ROCHA, João Carlos de Carvalho e outros. *Direitos humanos*: desafios humanitários contemporâneos: 10 anos do estatuto dos refugiados (Lei n. 9.474, de 22 de julho de 1997). Belo Horizonte: Del Rey, 2008. p. 38-42.

ótica tradicional é a História e, na classificação que proponho, um fenômeno que é jurídico, embora não só jurídico, o interesse.

A vantagem dessa última forma de sustentar a divisão é que ela, ao contrário da primeira, é finita, embora não nos direitos, que continuarão a ser paulatinamente incluídos no rol de Direitos Humanos, pois as alterações, no que se considera indispensável para todas as pessoas, são e sempre serão constantes, mas sim nas dimensões em si, que continuarão a ser, sempre, as três, a não ser que se construa uma ideia que modifique as pessoas e os grupos que são titulares dos interesses: os indivíduos (interesses individuais), as coletividades determinadas (interesses coletivos), as coletividades indeterminadas (interesses difusos), e as comunidades nacionais (interesse público primário).

Cabe salientar que, enquanto forem reconhecidas somente três dimensões dos Direitos Humanos na divisão tradicional, as duas classificações não conflitam, pois ambas levam em consideração as mesmas bases, ou seja, os mesmos direitos.

Vale observar também que, não obstante, tanto na classificação tradicional, como na que proponho, haver mais de uma dimensão, isso não significa uma hierarquização dessas dimensões, ou seja, que os direitos de uma dimensão preponderam sobre os direitos das outras. Pelo contrário, os Direitos Humanos, todos, são complementares entre si, e interdependentes, até porque seu objetivo é, como será visto no capítulo seguinte, concretizar a dignidade da pessoa humana, ou seja, todos eles, desde os mais antigos, de liberdade, até os mais recentes, de fraternidade, caminham no mesmo sentido, que é possibilitar dignidade ao ser humano.

As três dimensões dos direitos humanos, então, completam-se mutuamente, interagindo entre si.

A respeito dessa interação, embora tratando, no caso concreto, somente das duas primeiras, Amauri Mascaro Nascimento afirma:

> Não há contraposição entre os direitos humanos clássicos individuais e os direitos sociais. Interpenetram-se, apesar do diferente contexto ideológico que os inspirou. Não se fundem, mas se implicam de modo dialético, exercendo uma mútua influência, que os aperfeiçoa[62].

Esse é também o pensamento de Flávia Piovesan, ao tratar da Declaração Universal dos Direitos Humanos e, por isso, novamente, das duas primeiras dimensões. Vale citar na íntegra:

> Ao conjugar o valor da liberdade com o valor da igualdade, a Declaração demarca a concepção contemporânea de direitos humanos, pela qual os direi-

---

(62) *Teoria geral do direito do trabalho.* São Paulo: LTr, 1998. p. 285.

tos humanos passam a ser concebidos como uma unidade interdependente, inter-relacionada e indivisível. Assim, partindo-se do critério metodológico, que classifica os direitos humanos em gerações, adota-se o entendimento de que uma geração de direitos não substitui a outra, mas com ela interage. Isto é, afasta-se a ideia de sucessão "geracional" de direitos, na medida em que se acolhe a ideia da expansão, cumulação e fortalecimento dos direitos humanos consagrados, todos essencialmente complementares e em constante dinâmica de interação. Logo, apresentando os direitos humanos uma unidade indivisível, revela-se esvaziado o direito à liberdade, quando não assegurado o direito à igualdade e, por sua vez, esvaziado revela-se o direito à igualdade, quando não assegurada a liberdade.

Vale dizer, sem a efetividade dos direitos econômicos, sociais e culturais, os direitos civis e políticos se reduzem a meras categorias formais, enquanto que, sem a realização dos direitos civis e políticos, ou seja, sem a efetividade da liberdade entendida em seu mais amplo sentido, os direitos econômicos e sociais carecem de verdadeira significação. Não há mais como cogitar da liberdade divorciada da justiça social, como também infrutífero pensar na justiça social divorciada da liberdade. Em suma, todos os direitos humanos constituem um complexo integral, único e indivisível, em que os diferentes direitos estão necessariamente inter-relacionados e interdependentes entre si[63].

No mesmo sentido, ainda, o posicionamento que Belisário dos Santos Júnior extrai da Resolução n. 32/130 da ONU. Afirma o autor: "é impossível a realização dos direitos civis e políticos sem o usufruto dos direitos econômicos sociais e culturais"[64].

Discrepando, em parte, desse posicionamento, temos Ricardo Lobo Torres, já citado no item anterior, quando tratei do mínimo existencial. Segundo o autor, a:

"jusfundamentalidade dos direitos sociais se reduz ao mínimo existencial, em seu duplo aspecto de proteção negativa contra a incidência de tributos sobre os direitos sociais mínimos de todas as pessoas e de proteção positiva consubstanciada na entrega de prestações estatais materiais em favor dos pobres"[65].

---

(63) A Constituição brasileira de 1988 e os tratados internacionais de proteção dos direitos humanos. In: MARCÍLIO, Maria Luiza e outro (Coords.). *Cultura dos direitos humanos*. São Paulo: LTr, 1998. p. 137-139.

(64) Participação e cidadania. In: MARCÍLIO, Maria Luiza e outro (Coords.). *Cultura dos direitos humanos*. São Paulo: LTr, 1998. p. 30.

(65) A metamorfose dos direitos sociais em mínimo existencial. In: SARLET, Ingo Wolfgang (Org.). *Direitos fundamentais sociais*: estudos de direito constitucional, internacional e comparado. Rio de Janeiro: Renovar, 2003. p. 1-2.

Por que em parte? Por não negar o autor o reconhecimento dos direitos sociais, ou melhor, de parte deles, em circunstâncias determinadas e, em alguns casos, em favor de grupos determinados, como integrantes dos Direitos Humanos, o que constituiria o "mínimo existencial", na visão de Ricardo Lobo Torres. Essa técnica, por outro lado, finda por limitar, e muito, o rol dos direitos sociais reconhecidos como Direitos Humanos, ou, como afirma o autor, como tocados pela "jusfundamentalidade"[66], e revela uma importância maior que Ricardo Lobo Torres atribui aos direitos de liberdade.

E é exatamente isso que devem evitar aqueles que enxergam os Direitos Humanos como uma unidade de direitos, voltados para um só objetivo, que é garantir dignidade para todas as pessoas.

Encerrando, é possível fazer outra divisão dos Direitos Humanos, embora seja mais comum que isso seja feito para os Direitos Fundamentais, e que leva em consideração a postura do Estado para que os direitos sejam realizados.

Nessa classificação, os Direitos Humanos podem ser divididos em direitos de abstenção ou de defesa, e direitos a prestações, como relembra, rapidamente, Sarlet, quando trata dos direitos fundamentais e de sua dimensão subjetiva e, mais adiante, quando trata da multifuncionalidade e classificação dos direitos fundamentais na ordem constitucional[67].

Segundo este autor, ao lado dos direitos de defesa, "compreendidos como direitos a não intervenção no âmbito de proteção do direito por parte do Estado ou outros particulares", existem os direitos a prestações, "incluindo tanto prestações de cunho normativo, quanto material (fático)"[68].

Quem também alude a essa divisão é Paulo Gustavo Gonet Branco, caracterizando-se os direitos de defesa "por impor ao Estado um dever de abstenção, um dever de não interferência", enquanto os direitos a prestações, que também divide em jurídicas e materiais – como Sarlet, visto acima –, prestam-se a exigir "que o Estado aja para atenuar desigualdades, com isso estabelecendo moldes para o futuro da sociedade". Aduz a respeito, ainda, o fato de que alguns autores incluem nessa classificação os direitos fundamentais de participação, e que seriam "os direito orientados a garantir a participação dos cidadãos na formação da vontade do País"[69].

---

(66) A metamorfose dos direitos sociais em mínimo existencial. In: SARLET, Ingo Wolfgang (Org.). *Direitos fundamentais sociais*: estudos de direito constitucional, internacional e comparado. Rio de Janeiro: Renovar, 2003. p. 2.

(67) SARLET, Ingo Wolfgang, MARINONI, Luiz Guilherme, e MITIDIERO, Daniel. *Curso de direito constitucional*. São Paulo: Editora Revista dos Tribunais, 2012. p. 295 e 301.

(68) *Ibidem*, p. 301.

(69) MENDES, Gilmar Ferreira e BRANCO, Paulo Gustavo Gonet. *Curso de direito constitucional*. 7. ed. São Paulo: Saraiva, 2012. p. 179-189, estando as citações literais, respectivamente, nas p. 179, 181 e 189.

Francisco J. Contreras Peláez é outro que utiliza essa divisão, manejando-a para contrapor os direitos civis e políticos aos direitos econômicos, sociais e culturais. Para esse autor, os "derechos civiles y políticos fueron pensados como garantias frente a la arbitrariedad del poder político, como barreras de protección", tendo um sentido defensivo. Os direitos sociais, por sua vez, "parecen presuponer un protagonismo activo-prestacional de parte de los poderes públicos"[70].

É uma divisão que, não obstante não seja tão complexa quanto as anteriormente apresentadas, tem serventia inegável, pois faz a divisão considerando a postura do Estado em relação aos direitos básicos das pessoas; de se abster, simplesmente, para que os direitos possam ser exercitados, como ocorre, por exemplo, em relação à liberdade de manifestação do pensamento, ou de atuar positivamente, criando as condições para o exercício do direito, como é o caso dos direitos à educação e à saúde. E isso é importante na hora em que se vai decidir o que exigir do responsável, e como isso será exigido.

É, todavia, uma classificação que não pode ser vislumbrada de forma rígida, pois, nem sempre classificar um direito como de abstenção ou como prestacional é tão simples, devendo ser observado, ainda, que até os direitos de abstenção exigem prestações positivas do Estado, mesmo que secundárias, acessórias, para assegurar o exercício do direito e, às vezes, pode acontecer o contrário. Em relação à primeira hipótese, Branco, exemplificando, afirma: "[o] direito à vida traz como consectário o direito a que o Estado proteja a vida contra ofensa de terceiros, não se exaurindo na pretensão a que o Estado não suprima esse bem dos seus súditos"[71].

Não é possível, também, sempre, dizer que os direitos de 1ª dimensão são de defesa ou de abstenção, e os de 2ª são prestacionais, mesclando a classificação que estou discutindo com aquela que apresentei mais acima, pois, embora isso seja o normal, há diversas exceções. Verifique-se, por exemplo, o direito de greve, que é mais um direito de defesa que um direito a prestações, embora inegavelmente seja classificado como um direito social. O que importa nessa classificação, então, é perceber como o titular pode exercitar o seu direito, e como o obrigado pelo direito deve concedê-lo.

---

(70) *Derechos sociales*: teoria e ideologia. Madrid – España: Tecnos, 1994. p. 17.
(71) *Ibidem*, p. 189.

3

FUNDAMENTO DOS DIREITOS HUMANOS

Como dito no capítulo anterior, tomo a dignidade da pessoa humana como o fundamento dos Direitos Humanos. Nesse sentido, acredito que, tanto a existência dos Direitos Humanos, como a definição dos direitos que vão compor esse conjunto são decorrência dela, da dignidade. Necessário, então, traçar algumas linhas a respeito.

Para iniciar, devo, desde logo, expor brevemente e rechaçar a ideia esposada por Norberto Bobbio, da impossibilidade de se ter um fundamento absoluto para os Direitos Humanos. O autor, para contrariar a ideia de um fundamento para os Direitos Humanos, vai levantar três dificuldades: de ser a expressão Direitos Humanos muito vaga; de serem os Direitos Humanos uma classe variável, além de heterogênea; e, por fim, de revelarem "uma antinomia entre os direitos invocados pelas mesmas pessoas"[1].

Por esses motivos acredita Bobbio que, ao contrário de um fundamento, é possível identificar diversos fundamentos e que "o problema fundamental em relação aos direitos do homem, hoje, não é tanto de *justificá-los*, mas o de *protegê-los*. Trata-se de um problema não filosófico, mas político"[2] (destaques do autor).

Fazendo, desde logo, alguns comentários a respeito das dificuldades levantadas por Bobbio, é possível dizer que Direitos Humanos só é expressão vaga quando não se

---

(1) *A era dos direitos*. 16. tiragem. Tradução de Carlos Nelson Coutinho. Rio de Janeiro: Campus, 1992. p. 17-22.
(2) *Ibidem*, p. 24.

tem uma base para sua identificação. A dignidade é essa base e, no momento em que ela é identificada, é possível, com clareza, identificar o conteúdo dos Direitos Humanos.

Quanto a ser classe variável, heterogênea e capaz de revelar antinomias, é possível dizer que sua variabilidade, nos termos expostos por Bobbio, que decorreriam da historicidade dos Direitos Humanos, não milita contra a ideia de um fundamento absoluto, pois, embora as transformações históricas tenham o condão de gerar novos direitos que podem ser definidos como Direitos Humanos, isso não desnatura o fato de que há um fundamento único e maior para todo esse reconhecimento; apenas impõe um reconhecimento de outra ordem: o de que a evolução dos seres humanos é geradora de novos anseios e que alguns deles, em dado momento, podem vir a ser considerados essenciais aos indivíduos.

Isso, aliás, nada mais é do que o reconhecimento da complexidade das necessidades humanas, até das mais básicas, pelo que são múltiplos os direitos que devem ser reconhecidos para sua satisfação. Caso se queira entender isso como heterogeneidade, então os Direitos Humanos são heterogêneos, mas ainda assim podem ser reconhecidos como derivados de único fundamento.

Por fim, afirma Bobbio que os direitos "são antinômicos no sentido de que o desenvolvimento deles não pode proceder paralelamente", usando como argumento para tal o fato de existirem, ao mesmo tempo, direitos individuais, que chama de liberdades, e direitos sociais, que denomina poderes[3].

Acredito que é perfeitamente possível – além de ser necessário, como será visto no capítulo seguinte – a existência dos direitos de liberdade, ao mesmo tempo que os decorrentes da ideia de igualdade. É até possível que, no caso concreto, em determinadas circunstâncias surjam conflitos entre os diversos direitos, como poderia ocorrer, também, entre dois direitos de liberdade, ou entre dois direitos de justiça. Imagine-se, por exemplo, a convivência sempre sujeita a atritos do direito à livre manifestação do pensamento com o direito à intimidade. Isso, entretanto, é, apenas, como dissemos antes, o reconhecimento da complexidade e da extensão dos Direitos Humanos, não impedindo que, ainda assim, se considere que todos eles decorrem de único fundamento.

Por essas razões, acredito perfeitamente possível a existência de um fundamento único para os Direitos Humanos. É preciso, todavia, indicar qual a razão da opção pela dignidade.

Aqui sigo, entre outros, o pensamento de Fábio Konder Comparato, para quem o valor do direito decorre daquele que o criou, o homem. Para o autor, então, o fundamento não pode ser outro que não o próprio homem, "considerado em sua dignidade substancial de pessoa"[4].

---

(3) *A era dos direitos*. 16. tiragem. Tradução de Carlos Nelson Coutinho. Rio de Janeiro: Campus, 1992. p. 21.

(4) Fundamento dos direitos humanos. In: MARCÍLIO, Maria Luiza e outro (Coords.). *Cultura dos direitos humanos*. São Paulo: LTr, 1998. p. 60.

Nesse sentido, é o fato de ser o homem dotado de dignidade ou, como diz Comparato, "um ser cujo valor ético é superior a todos os demais no mundo"[5], que impõe para si um mínimo de direitos. Natural, então, que a dignidade seja considerada o fundamento base.

Mas em que consiste a dignidade?

Como a maioria dos autores há de concordar, não é simples reduzir em palavras o significado da dignidade da pessoa humana. Como tantos outros conceitos, parece ser mais fácil identificar o que atenta contra a dignidade do que identificá-la em si mesma.

Opto aqui, todavia, fugindo da tentação de usar desse expediente, ou seja, de definir de forma inversa, por apresentar definição que, em meu entender, exprime de forma completa a ideia de dignidade da pessoa humana. É a apresentada por Ingo Wolfgang Sarlet, para quem dignidade é:

> a qualidade intrínseca e distintiva de cada ser humano que o faz merecedor do mesmo respeito e consideração por parte do Estado e da comunidade, implicando, neste sentido, um complexo de direitos e deveres fundamentais que assegurem a pessoa tanto contra todo e qualquer ato de cunho degradante e desumano, como venham a lhe garantir as condições existenciais mínimas para uma vida saudável, além de propiciar e promover sua participação ativa e corresponsável nos destinos da própria existência e da vida em comunhão com os demais seres humanos[6].

Essa definição traz os elementos indispensáveis para que se possa considerar o que é a dignidade. Devo voltar, todavia, para uma dúvida anterior, ainda não totalmente satisfeita: por que deve ser ela considerada, usando novamente as palavras de Comparato, a razão justificadora[7] dos Direitos Humanos? Deve ser assim considerada, como se depreende do uso que fiz das lições de Comparato, porque ela é o traço distintivo entre o homem e os demais seres vivos.

E aí diversas explicações existem. Vou trabalhar, por opção, com duas ordens de ideias: a do Cristianismo e a de Kant, aceitando, ao final, a segunda. A respeito de período anterior e de outras ideias, sugiro a leitura de um dos autores que utilizarei daqui por diante: Eduardo Ramalho Rabenhorst[8].

---

(5) Fundamento dos direitos humanos. In: MARCÍLIO, Maria Luiza e outro (Coords.). *Cultura dos direitos humanos*. São Paulo: LTr, 1998. p. 74.

(6) *Dignidade da pessoa humana e direitos fundamentais na Constituição Federal de 1988*. 2. ed., revista e ampliada. Porto Alegre: Livraria do Advogado Editora, 2002. p. 62.

(7) Fundamento dos direitos humanos. In: MARCÍLIO, Maria Luiza e outro (Coords.). *Cultura dos direitos humanos*. São Paulo: LTr, 1998. p. 55.

(8) *Dignidade humana e moralidade democrática*. Brasília: Brasília Jurídica, 2001.

Começando com o Cristianismo, neste, segundo Rabenhorst, entende-se que Deus teria atribuído ao homem uma destinação superior, sendo o único criado à imagem e semelhança de seu Criador[9].

A dignidade, então, seria uma consequência da vontade divina, e manifestar-se-ia por conta de ter o homem um corpo e também uma alma.

Essa ideia, a propósito, fica clara na mensagem que o Papa Pio XII dirige, em 3 de novembro de 1948, aos trabalhadores da empresa Fiat, quando diz:

> O homem é imagem de Deus uno e trino, e, portanto, também é pessoa, é irmão do homem-Deus Jesus Cristo, e com ele e por ele, herdeiro de uma vida eterna: eis a sua verdadeira dignidade[10].

Segundo Rabenhorst, no Cristianismo a dignidade adquire uma dimensão qualitativa, "no sentido de que nenhum indivíduo possuiria maior ou menor grau de dignidade frente aos demais"[11].

O problema de aceitar a dignidade na perspectiva do Cristianismo é que, em primeiro lugar, ela é baseada em uma explicação que só pode ser comprovada por meio da fé, estando além do físico[12], o que traz problemas para sua assimilação, principalmente para os que professam outras crenças, ou para os que não têm crença.

Além do mais, entendo, a dignidade humana no Cristianismo resta comprometida porque um de seus componentes, a igualdade[13], embora garantida quanto à dignidade humana[14], é vista de forma relativamente flexível, por cultuar o Cristianismo ideias como a da resignação, pregando a igualdade em outro mundo que não o terreno.

---

(9) *Dignidade humana e moralidade democrática*. Brasília: Brasília Jurídica, 2001. p. 24.

(10) *Encíclicas e Documentos Sociais*: da *rerum novarum* à *octogesima adveniens*. São Paulo: LTr, v. 1, 1991. p. 182.

(11) *Dignidade humana e moralidade democrática*. Brasília: Brasília Jurídica, 2001. p. 25.

(12) Cleber Francisco Alves, falando da noção de dignidade no enfoque da Igreja Católica, ensina que: "não se pode olvidar que a noção de dignidade humana está visceralmente fundada numa autêntica compreensão do que é o homem, e a respeito do verdadeiro sentido de sua vida, sentido esse que não pode ser encontrado apenas numa perspectiva reduzida à sua dimensão material, econômica ou social, mas deve ser respondido também quanto à dimensão psíquica e espiritual, voltada para o transcendente, indissociável em sua natureza" (*O princípio constitucional da dignidade da pessoa humana*: o enfoque da doutrina social da igreja. Rio de Janeiro: Renovar, Biblioteca de Teses, 2001. p. 160).

(13) Aqui a observação necessária de que entendo outros ideais políticos ou princípios que são caros ao homem e ao Direito, como a liberdade e a igualdade, como componentes – importantes, mas, ainda assim, componentes – da dignidade.

(14) O mesmo Pio XII, na mensagem anteriormente indicada, afirma nesse sentido, dispondo: "A Igreja [...] garante a plena igualdade quanto à dignidade humana" (*Encíclicas e Documentos Sociais*: da *rerum novarum* à *octogesima adveniens*. São Paulo: LTr, v. 1, 1991. p. 183).

A outra possibilidade de trabalhar a ideia de dignidade é com Kant e a razão e é, como disse, a que adoto[15]. Não faço isso sem razão, como será visto adiante. A propósito, como afirma Michael Sandel, "A importância atribuída por Kant à dignidade humana define nossas concepções atuais dos direitos humanos universais"[16].

Para Kant, como explica Rabenhorst, no reino das finalidades humanas tudo ou tem preço ou dignidade. No primeiro caso, o que tem preço pode ser comparado ou trocado; já no caso da dignidade, ela funciona como atributo do que não pode sê-lo, ou seja, o que tem dignidade não é passível de substituição ou comparação. Como o homem, ser racional e dotado de autonomia, é o único capaz de fazer suas escolhas[17], ele é considerado como o único, também, que é possuidor de dignidade. Não pode o homem, então, em nenhuma circunstância ser considerado de outra forma que não como um fim em si mesmo[18]. Continua Rabenhorst afirmando que, "Na perspectiva Kantiana, a dignidade humana se funda, portanto, no lugar que o homem ocupa na escala dos seres"[19].

Kant, a propósito, assim explica:

> No reino dos fins tudo tem um preço ou uma dignidade. Quando uma coisa tem um preço, pode-se pôr em vez dela qualquer outra como equivalen-

---

[15] Nesses dois casos, observe-se, trabalha-se a dignidade em uma perspectiva universal, o que, para mim, é imprescindível para compreender a ideia de Direitos Humanos. Há outras formas de compreender a dignidade, que seria um princípio vinculado à cultura dos povos, o que rejeito, mas que será visto, embora brevemente, no Capítulo 5.

[16] *Justiça – o que é fazer a coisa certa*. Tradução de Heloísa Matias e Maria Alice Máximo. Rio de Janeiro: Civilização Brasileira, 2011. p. 137.

[17] A respeito dessa liberdade, é importante observar que, para Kant, a liberdade é decorrente do dever e não da inclinação, ou seja, a liberdade existe para se fazer o que é certo, a partir de um juízo racional, e não para que a ação ocorra de acordo com nossas necessidades, nossos desejos, nossos apetites, até porque, nessa hipótese e em certos casos, não se diferenciaria o ser racional dos seres não racionais, que também fazem escolhas. Isso fica claro na seguinte explicação de Sandel: "Para agir livremente, de acordo com Kant, deve-se agir com autonomia. E agir com autonomia é agir de acordo com a lei que imponho a mim mesmo – e não de acordo com os ditames da natureza ou das convenções sociais. Uma forma de entender o que Kant quis dizer quando fala em agir com autonomia é comparar o conceito de autonomia com o seu oposto. Kant inventa uma palavra para melhor definir esse contraste – *heteronomia*. Quando ajo com heteronomia, ajo de acordo com determinações exteriores. Eis um exemplo: quando você deixa cair uma bola de bilhar, ela não está agindo livremente. Seu movimento é comandado pelas leis da natureza – nesse caso, a lei da gravidade. [...] Agir livremente não é escolher as melhores formas para atingir determinado fim; é escolher o fim em si – uma escolha que os seres humanos podem fazer e bolas de bilhar (e a maioria dos animais) não podem" (*Justiça – o que é fazer a coisa certa*. Tradução de Heloísa Matias e Maria Alice Máximo. Rio de Janeiro: Civilização Brasileira, 2011. p.141-142).

[18] O que impede a instrumentalização do ser humano, que equivaleria a considerá-lo como possuindo preço, que é o atributo dos seres não racionais.

[19] *Dignidade humana e moralidade democrática*. Brasília: Brasília Jurídica, 2001. p. 34.

te; mas quando uma coisa está acima de todo o preço, e portanto não permite equivalente, então ela tem dignidade[20].

A dignidade, dessa feita, deve ser considerada como atributo do ser humano, algo que dele faz parte e, portanto, o faz merecedor de um mínimo de direitos.

Note-se que, como afirma Sarlet, nessa perspectiva a dignidade, "como qualidade intrínseca da pessoa humana, é irrenunciável e inalienável, constituindo elemento que qualifica o ser humano como tal e dele não pode ser destacado"[21].

Ao se indicar a razão, a autonomia que tem o ser humano de fazer as suas escolhas, todavia, aparentemente é possível entrar em uma armadilha, pois, como nem todos os seres humanos são dotados de razão e consciência, aparentemente seria possível dizer que a dignidade não é atributo de todos os seres humanos, ou, por outro lado, que esse não é o fundamento que garantiria de forma universal a dignidade e, por via de consequência, os Direitos Humanos.

Não, porque a razão, aqui, deve ser entendida de forma potencial, com uma dupla face. Como lembra Sarlet, a autonomia é considerada em abstrato,

> como sendo a capacidade potencial que cada ser humano tem de autodeterminar sua conduta, não dependendo da sua efetiva realização no caso da pessoa em concreto, de tal sorte que também o absolutamente incapaz (por exemplo, o portador de grave deficiência mental) possui exatamente a mesma dignidade que qualquer outro ser humano física e mentalmente capaz[22].

Respondendo à mesma questão, da razão como propriedade natural que assegure idêntico valor a todos os seres humanos, e enfrentando da mesma forma a questão de nem todos os homens serem dotados de razão, Rabenhorst afirma que a "solução consistiria talvez em dizer que, nesses casos, a racionalidade permaneceria em estágio potencial"[23].

Acredito que, mais do que talvez, a explicação é de fácil absorção, pois o que se está a considerar, no caso, é o padrão comum do ser humano, que o distingue

---

[20] KANT, Immanuel. *Fundamentação da metafísica dos costumes*. Tradução de Paulo Quintela. Lisboa: Edições 70, 2003. p. 77. De certa forma repetindo o que foi visto acima, com Rabenhorst, é possível dizer o seguinte: em relação à dignidade da pessoa humana, a chave para isso é entender a separação que foi feita por Kant entre aquele (o ser humano) que deve ser tratado como um fim em si mesmo, o que o faz merecedor de um mínimo de direitos, em razão de possuir o atributo da dignidade, e o que pode ser tratado como meio (o ser não racional), ou seja, instrumentalizado, por ter como atributo o preço.

[21] *Dignidade da pessoa humana e direitos fundamentais na Constituição Federal de 1988*. 2. ed., revista e ampliada, Porto Alegre: Livraria do Advogado Editora, 2002. p. 41.

[22] *Ibidem*, p. 45.

[23] *Dignidade humana e moralidade democrática*. Brasília: Brasília Jurídica, 2001. p. 44.

dos demais seres. Nada mais natural que esse padrão gere consequências para todos, até por conta do componente igualdade, presente na dignidade.

Esse reconhecimento da dignidade, em abstrato, finda por conduzir ao entendimento de que ela tem uma dupla face: de um lado o poder de fazer escolhas, de exercitar a autonomia; de outro, o direito de ter respeito mínimo por parte do Estado e de toda a comunidade[24].

A dignidade, a propósito, tem sido reconhecida, pelos principais textos nacionais e internacionais, como a base da vida em sociedade e dos Direitos Humanos.

Por exemplo, o art. I da Declaração Universal dos Direitos Humanos enuncia:

> Todos os homens nascem livres e iguais em dignidade e direitos. São dotados de razão e consciência e devem agir em relação uns aos outros com espírito de fraternidade.

Esse enunciado, ressalte-se, indica que a Declaração, ao menos nesse ponto, queda-se à ideia da razão como justificadora da dignidade e de direitos mínimos. E mais: revela que a dignidade deve produzir efeitos no plano material, como vetor que impõe obrigações ao Estado e a toda a sociedade.

É que não se pode falar em dignidade da pessoa humana se isso não se materializa em suas próprias condições de vida. Como falar em dignidade sem direito à saúde, ao trabalho, enfim, sem o direito de participar da vida em sociedade com um mínimo de condições?[25]

E isso permite finalizar o capítulo relacionando Direitos Humanos e dignidade, se é que isso ainda é necessário.

Uma possível crítica a respeito da dignidade Kantiana é de que ela é apresentada em abstrato, sem indicar, concretamente, o que seria esse atributo.

A crítica não procede por, pelo menos, duas razões. Primeiro, Kant estava, na *Fundamentação da metafísica dos costumes*, trabalhando com a proposta de discutir a lei moral, a partir do conhecimento *a priori*, e não faria sentido, quando tratou da dignidade, fazer um movimento em direção ao conhecimento *a posteriori*. Isso cabe aos seus intérpretes, quando a situação o exige.

Segundo, embora não tenha indicado o que é, concretamente, a dignidade, Kant demarcou claramente seu espaço, ao colocar, em sua oposição, o preço. Assim, respeita-se a dignidade do ser racional quando não se pratica atos que possam incliná-lo (o ser racional) em direção a atributo que não possui: o preço, ou seja,

---

(24) Ver aqui, novamente, Sarlet (*Dignidade da pessoa humana e direitos fundamentais na Constituição Federal de 1988*. 2. ed., revista e ampliada. Porto Alegre: Livraria do Advogado Editora, 2002. p. 50).

(25) Para complementar as ideias aqui expendidas a respeito de Kant, sugiro ler o Capítulo 5, p. 133-174, do livro *Justiça – o que é fazer a coisa certa*, de Michael Sandel (Tradução de Heloísa Matias e Maria Alice Máximo. Rio de Janeiro: Civilização Brasileira, 2011).

instrumentalizá-lo. Concretamente, isso ocorre quando se respeitam direitos básicos do ser racional, como diria Kant, ou do ser humano, como se diz agora, e esses direitos básicos, por óbvio, constituem o que se denomina de Direitos Humanos, daí a natural relação entre estes e a dignidade, justificando que esta seja o fundamento daqueles.

4

Pressupostos para uma Concepção Completa e para a Realização dos Direitos Humanos

Meu objetivo neste capítulo é mostrar que, além da dignidade da pessoa humana, fundamento dos Direitos Humanos, há outros elementos que são necessários para uma ideia completa relativa a esse conjunto, até para a sua realização.

Defendo, então, que, ao lado da dignidade, deve-se ter dois ideais políticos, ou princípios, como são denominados no Direito, a que se deve dar importância equivalente (entre os dois): a liberdade e a igualdade. Além disso, entendo que somente em um modelo de justiça distributiva é possível pensar na obrigação de conceder a todos os indivíduos os direitos que são indispensáveis para que tenham uma vida digna e possam dar curso às ações necessárias para o cumprimento de seu plano de vida.

Para isso, todavia, antes de discutir os pressupostos, para além da dignidade, creio que é necessário discutir, no âmbito da Filosofia Política, qual a teoria da justiça que melhor sustenta uma ideia completa, ou quase, de Direito Humanos.

4.1. A Justiça como Equidade, de John Rawls, com Apoio da Igualdade de Recursos, de Ronald Dworkin, como a Teoria da Justiça que Melhor Sustenta a Ideia de Direitos Humanos

Antes de iniciar a apresentação e defesa do liberalismo de princípios, quero indicar, de forma rápida, pois é o que este texto comporta, as razões pelas quais rejeito a utilização, para a defesa que quero fazer, de algumas teorias importantes a respeito da distribuição de bens valiosos, ou, adotando a denominação que o Direito consagra, de bens fundamentais, porque incapazes de sustentar uma ideia completa de Direitos Humanos.

Começando com o libertarismo, sua defesa de um Estado mínimo e sem funções distributivas, além de sustentando, também, ou por via de consequência, somente as liberdades, faz com que essa teoria não seja capaz de reconhecer direitos humanos para além da 1ª dimensão, o que a torna incompatível com uma noção ampla de Direitos Humanos.

Isso é possível depreender, facilmente, com Robert Nozick, expoente do libertarismo, que afirma:

> [a]s principais conclusões que retiramos acerca do estado são as de que um estado mínimo, limitado às funções estritas da proteção contra a violência, roubo, fraude, execução de contratos, e por aí em diante, justifica-se; e que o estado mínimo, além de correto, é inspirador. Duas implicações dignas de nota são a de que o estado não pode usar os seus instrumentos coercitivos com o objetivo de obrigar alguns cidadãos a ajudar outros, ou de proibir determinadas atividades às pessoas para o próprio bem ou proteção delas[1].

Da mesma forma o marxismo, embora sob um ângulo oposto. É que, no marxismo, além de a liberdade não ser um ideal importante, não haveria espaço para considerações a respeito dos direitos da pessoa sob o aspecto individual, pelo que, mesmo a distribuição dos recursos sociais estaria prejudicada pela ótica sempre coletiva que é dada a esses bens, e que gera uma incompletude, pois, até os direitos sociais são fruídos sob o ponto de vista individual[2].

Ainda a respeito do marxismo, é preciso indicar, uma vez que estou a tratar de teorias da justiça que, literalmente falando, essa doutrina nem possui uma teoria da justiça, pois um dos pressupostos das teorias da justiça é a existência do que Rawls denomina circunstâncias da justiça[3], que este autor sintetiza da seguinte forma: "as circunstâncias da justiça se verificam sempre que pessoas apresentam reivin-

---

(1) *Anarquia, estado e utopia*. Tradução de Vitor Guerreiro. Lisboa – Portugal: Edições 70, 2009. p. 21.

(2) Tenho exemplificado essa questão sob o ângulo do direito à saúde. Pouco adianta garantir esse direito simplesmente reservando (garantindo) um valor determinado em favor de cada indivíduo, pois as exigências para o gozo do direito variam de pessoa para pessoa, pelo que, enquanto algumas de pouco precisam, para outras as necessidades são bem maiores. Nessas condições, não é um valor fixo que garantirá o direito, mas sim o que for necessário para que cada um possa usufruir desse bem essencial.

(3) Para Rawls, as circunstâncias da justiça são "as condições normais sob as quais a cooperação humana é tanto possível quanto necessária". *Uma teoria da justiça*. 2. ed. Tradução de Almiro Pisetta e Lenita Maria Rimoli Esteves. São Paulo: Martins Fontes, 2002. p. 136.

dicações conflitantes em relação à divisão das vantagens sociais em condições de escassez moderada"[4], e que não são reconhecidas em uma teoria que elimina em boa medida os conflitos, senão, no plano ideal, todos, ao criar modelo que impede a luta de classes. Além do mais, como indica Samuel Fleischacker, Marx não era um defensor da ideia de justiça distributiva por "acreditar que o comunismo traria uma abundância de bens e de reconhecer, como Hume, que questões de justiça surgem apenas onde há escassez"[5].

Aliás, a incompatibilidade do marxismo para dar conta de uma ideia de Direitos Humanos, especialmente no tocante à liberdade, pelo fato de gerar regimes claramente autoritários, ao menos em um período de transição – isso em teoria, porque esse período, na verdade, jamais se encerra –, fica óbvia, do ponto de vista da realidade, na fala de Göran Therborn, claramente um autor identificado com essa corrente teórica:

> dois regimes comunistas menos importantes mantêm-se até hoje, por estratégias de sobrevivência muito diferentes. O isolamento nacionalista transformou a Coreia do Norte comunista em poder dinástico, inteirado por mísseis e pobreza em massa. Cuba preservou a integridade revolucionária do regime, embora dificilmente seja menos personalista e autoritária que o sistema coreano[6].

Seguindo adiante, devo dizer que tampouco o utilitarismo, essa doutrina tão utilizada pelos governos, é adequada para sustentar a noção de Direitos Humanos.

---

(4) Para Rawls, as circunstâncias da justiça são "as condições normais sob as quais a cooperação humana é tanto possível quanto necessária". *Uma teoria da justiça*. 2. ed. Tradução de Almiro Pisetta e Lenita Maria Rimoli Esteves. São Paulo: Martins Fontes, 2002. p. 138.

(5) *Uma breve história da justiça distributiva* (Tradução de Álvaro de Vita. São Paulo: Martins Fontes, 2006. p. 140). Isso é salientado, também, por Roberto Gargarella, quando fala do marxismo analítico, de Cohen e outros (*As teorias da justiça depois de Rawls*: um breve manual de filosofia política. Tradução de Alonso Reis Freira. São Paulo: WMF Martins Fontes, 2008. p. 112). A propósito, as circunstâncias de justiça são de todo incompatíveis com o significado da ideia de que se deve exigir de cada um conforme suas capacidades, e dar a cada um conforme suas necessidades, e que é tão cara ao marxismo. Essa máxima, aliás, revela bem qual é o ser humano marxista, que é o ser humano altruísta, que não tem interesse em si próprio. Essa ideia é excelente e fácil de ser absorvida; ocorre que esse ser humano não existe, senão em ínfimas exceções, pois o ser humano real é uma mescla de interesses próprios e interesses na comunidade, pelo que, qualquer teoria que negue essa condição não é realizável, pois seu sujeito não pode ser observado na realidade.

(6) *Do marxismo ao pós-marxismo*. Tradução de Rodrigo Nobile. São Paulo: Boitempo, 2012. p. 30. Aliás, essa identificação com o marxismo chega ao ponto de Therborn enaltecer como "êxito" da esquerda o que denomina de "descrédito do racismo explícito", e a luta pela igualdade de gênero (*ibidem*, p. 28-29), quando é óbvio que isso é consequência do comportamento tipicamente liberal e da defesa que essa corrente faz do direito que têm as pessoas de definir, com liberdade, a sua forma de viver, sem que o estado possa adotar uma postura em relação a isso, que não a do respeito a todas as pessoas e a seu direito de viver como entenderem mais conveniente.

A respeito do utilitarismo, ensina Álvaro de Vita que:

> [O] utilitarismo é uma teoria ética teleológica, isto é, uma teoria que define o que é correto ou justo fazer em função de uma concepção da boa vida humana. Essa concepção, no caso do utilitarismo, é vazia de conteúdo próprio, já que resulta da agregação de preferêndias e desejos *de facto* dos agentes, sem que a motivação ou a validade dessas preferências e desejos sejam colocadas em questão[7].

Já Will Kymlika indica que, na forma mais singela, o utilitarismo "afirma que o ato ou procedimento moralmente correto é aquele que produz a maior felicidade para os membros da sociedade"[8]. Mais adiante, o mesmo autor afirma que, no utilitarismo, as preferências dos indivíduos não são satisfeitas quando contrárias ao que "maximiza a utilidade de maneira geral"[9].

Essas duas passagens, mais a anterior, de Álvaro de Vita, deixam claras algumas questões próprias do utilitarismo: a predominância do bem sobre o justo, sendo o resultado o que indica o ato como moralmente correto, bem como o fato de que, no utilitarismo, as preferências dos integrantes dos grupos minoritários são ignoradas, desde que se maximize a utilidade e se contemple a maior parte dos indivíduos.

Ora, em assim sendo, não há como usar o utilitarismo para definir uma justa distribuição dos Direitos Humanos em favor de todos, pois, por essa doutrina, não se atinge a totalidade dos indivíduos, havendo o sacrifício de alguns para o bem-estar de outros.

Lançando mão de um exemplo que também sempre utilizo, é o que acontece, por exemplo, quando um governo afirma, normalmente de forma triunfante, que a medida que vai adotar possibilitará, por exemplo, que 90% das crianças tenham educação básica. Aparentemente tem-se aqui uma boa medida, pois a maioria das crianças será alfabetizada. O problema é que, na verdade, o que se está a dizer é que, por causa da medida adotada para cumprir uma obrigação essencial do Estado, 10% de todas as crianças serão excluídas do direito de ter educação formal, que é um direito indispensável do ser humano, atingindo essa exclusão, via de regra, as mais necessitadas.

Falando agora de Rawls, cuja teoria é a que elegi para sustentar a defesa de uma ideia completa, ou quase, dos Direitos Humanos, rejeita o utilitarismo por diversos argumentos, podendo ser citado o fato de o utilitarismo – ao contrário da justiça como equidade, que afirma que os princípios de justiça são objeto de um

---

(7) *Justiça liberal*. Rio de Janeiro: Paz e Terra, 1993. p. 13.

(8) *Filosofia política contemporânea*: uma introdução. Tradução de Luis Carlos Borges. São Paulo: Martins Fontes, 2006. p. 11.

(9) *Ibidem*, p. 25.

consenso original – estender "à sociedade o princípio da escolha feita por um único ser humano". Para Rawls, não há sentido em haver a regulação de uma associação de pessoas, em uma sociedade plural e em que as pessoas têm interesses distintos, a partir da "extensão do princípio de escolha para um único indivíduo"[10].

De outro lado, Rawls se opõe diretamente ao que já foi mencionado aqui, linhas atrás, que no utilitarismo o bem é especificado independentemente do justo, e em que este, o justo, é maximizador do bem, propondo, ao contrário, uma teoria deontológica, em que ocorre o inverso: há prioridade do justo sobre o bem[11].

Por fim, deveria falar do comunitarismo. Ocorre que essa corrente de pensamento da Filosofia Política será discutida no Capítulo 5, quando for tratar da universalidade dos Direitos Humanos. Por ora, é suficiente rejeitar a sustentação dos Direitos Humanos no comunitarismo pelo fato de que essa corrente rejeita a ideia de valores universais e, por isso, em princípio, não pode aceitar a própria ideia de Direitos Humanos.

Rejeitadas todas essas teorias da justiça, quero agora apresentar as razões que justificam minha escolha da teoria da justiça como equidade, de John Rawls, com apoio, em parte, da teoria de igualdade de recursos, de Ronald Dworkin, como a mais adequada para sustentar uma concepção adequada de Direitos Humanos. Para isso, primeiro é preciso apresentar as noções básicas do pensamento desenvolvido por Rawls, em *Uma teoria da justiça*[12].

Para Rawls, "a justiça é a primeira virtude das instituições sociais", pelo que, caso injustas, mesmo leis e instituições eficientes e bem organizadas devem ser eliminadas, assim como nem todo o bem-estar da sociedade pode justificar a violação da liberdade de uma pessoa[13].

Isso já deixa claro que, para Rawls, o resultado, e que é decorrente da concepção de bem, ainda que seja da própria comunidade, não pode sobrepor-se à concepção do que é justo, como já indicado.

Firma também o entendimento de que, para Rawls, o indivíduo, singularmente considerado, tem uma importância primordial no estabelecimento de sua teoria e, mais restritamente, para os princípios de justiça que estabelece, não podendo

---

(10) *Uma teoria da justiça*. 2. ed. Tradução de Almiro Pisetta e Lenita Maria Rimoli Esteves. São Paulo: Martins Fontes, 2002. p. 31. É por isso que Rawls chega a afirmar que o "utilitarismo não leva a sério a diferença entre as pessoas" (*ibidem*, p. 30).

(11) *Ibidem*, p. 32. Rawls, na mesma obra, mais adiante, afirma, de forma categórica: "[a] a prioridade da justiça se explica, em parte, pela aceitação da ideia de que os interesses que exigem a violação da justiça não têm nenhum valor" (p. 34).

(12) Esta parte do texto segue, basicamente, o que já expus a respeito de Rawls na 3ª edição de livro por mim escrito: *Ações afirmativas* (3. ed. São Paulo: LTr, 2014).

(13) *Uma teoria da justiça*. 2. ed. Tradução de Almiro Pisetta e Lenita Maria Rímoli Esteves. São Paulo: Martins Fontes, 2002. p. 3.

os direitos básicos que serão reconhecidos ser afetados a partir da consideração de que isso é melhor para a comunidade, ou para parte ou partes dela.

Já o objeto da justiça, para o autor, "é a estrutura básica da sociedade, [...] a maneira pela qual as instituições sociais mais importantes distribuem direitos e deveres fundamentais, e determinam a divisão de vantagens provenientes da cooperação social"[14].

Observe-se que, para Rawls, as instituições mais importantes são a "constituição política e os principais acordos econômicos e sociais", e que elas, consideradas em conjunto, além de definirem os direitos e deveres dos indivíduos, "influenciam seus projetos de vida"[15].

O autor trabalha, então, em um ambiente limitado, e isso se justifica pelo seu entendimento de ser esse o ambiente ideal para o estabelecimento de sua teoria. Isso não impede, contudo, que seja sua teoria transportada para o ambiente global, no que toca aos Direitos Humanos, como será visto mais adiante.

É por isso que se observa que Rawls, em relação ao objeto da justiça, primeiro discute uma concepção de justiça a partir de um sistema fechado, no sentido de isolado de outras sociedades. Da mesma forma, ao examinar os princípios de justiça, Rawls não trabalha com toda e qualquer sociedade; pelo contrário, sua teoria pressupõe uma sociedade razoavelmente organizada, ou "bem-ordenada", em suas palavras[16].

Esses cortes, a propósito, são feitos em sua teoria da justiça diversas vezes, como, por exemplo, também em relação aos chamados indivíduos representativos. É a forma que Rawls encontra para sustentar uma ideia que ele entende ficar, dessa forma, mais precisa. No caso da discussão feita aqui, repito, o fato de Rawls trabalhar com um sistema fechado não cria qualquer problema.

Justiça como equidade significa que os princípios de justiça seriam acordados em uma situação inicial de igualdade[17], ou seja, que esses princípios seriam considerados, "eles próprios, o objeto de um acordo original em uma situação inicial adequadamente definida"[18].

Segundo Rawls, esses princípios são os "que pessoas livres e racionais, preocupadas em promover seus próprios interesses, aceitariam numa posição inicial de igualdade como definidores dos termos fundamentais de sua associação"[19].

---

(14) *Uma teoria da justiça*. 2. ed. Tradução de Almiro Pisetta e Lenita Maria Rímoli Esteves. São Paulo: Martins Fontes, 2002. p. 7-8.
(15) *Ibidem*, p. 8.
(16) *Ibidem*, p. 8-9.
(17) *Ibidem*, p. 12.
(18) *Ibidem*, p. 127-128.
(19) *Ibidem*, p. 12.

A justiça como equidade é uma teoria contratualista, sendo que o objetivo de Rawls foi também o de elaborar uma teoria alternativa, principalmente, ao utilitarismo, em suas diferentes versões.

A respeito do contratualismo, Rawls, depois de dizer que sua "tentativa foi de generalizar e elevar a uma ordem mais alta de abstração a teoria tradicional do contrato social representada por Locke, Rousseau e Kant"[20], deixa claro que sua teoria não corresponde a uma teoria contratualista completa, pois se ocupa, no mais das vezes, somente dos princípios de justiça, não discutindo todas as virtudes de forma sistemática[21].

A propósito do contrato em Rawls, Roberto Gargarella, que o denomina contrato peculiar, ou "contrato hipotético", afirma que o proposto por Rawls nasce diferente, por exemplo, do que foi feito por Hobbes, em relação à ideia de igualdade, pois, nesse caso, o que interessa a Rawls não é o igual poder do ponto de vista físico, "capaz de nos forçar a firmar um contrato mutuamente benéfico", mas a igualdade no plano do *status* moral, que desenvolveria nos indivíduos "uma preocupação com a imparcialidade – pelo fato de se considerarem imparcialmente as preferências e interesses de cada um"[22].

Já para Álvaro de Vita, o contrato, na teoria da justiça de Rawls, tem, ainda que o próprio Rawls afirme de forma diversa, papel bem limitado. É que, para Vita, o ponto de partida de Rawls não é uma situação contratual imaginária, mas sim uma hipótese, tendo a motivação das partes a característica de ser prudencial. Conforme Vita, Rawls supõe que as democracias contemporâneas já são dotadas de determinados valores, como a liberdade e a igualdade, que permitiriam a escolha de princípios de justiça[23].

Esses estranhamentos manifestados em relação à posição claramente expressada por Rawls, de ser sua teoria uma teoria contratualista, penso, decorrem do fato de que Rawls usa a ideia de contrato para simbolizar o consenso dos indivíduos em relação aos princípios que ele julga seriam escolhidos para regular a estrutura básica da sociedade, de forma hipotética, em dado momento, considerando condições específicas.

Relativamente ao utilitarismo, Rawls, em diferentes momentos de *Uma teoria da justiça*, registra que seu objetivo é formular teoria que sirva como alternativa para essa doutrina[24]. Deixo de tecer a esse respeito, todavia, maiores comentários, pois uma visão geral do pensamento de Rawls já foi apresentada um pouco antes.

---

(20) *Idem*, no prefácio escrito pelo autor.

(21) *Ibidem*, p. 18-19.

(22) *As teorias da justiça depois de Rawls*: um breve manual de filosofia política. Tradução de Alonso Reis Freire. São Paulo: WMF Martins Fontes, 2008. p. 13-19.

(23) *Justiça liberal*. Rio de Janeiro: Paz e Terra, 1993. p. 34-35.

(24) *Uma teoria da justiça*. 2 ed. Tradução de Almiro Pisetta e Lenita Maria Rimoli Esteves. São Paulo: Martins Fontes, 2002. p. 3 e 21.

Retornando aos princípios de justiça, na justiça como equidade eles são escolhidos na posição original, que corresponde ao estado de natureza na teoria tradicional do contrato social.

A posição original, a propósito, como explicada por Rawls, é uma posição hipotética[25] e deve ser entendida como momento inicial em que, a partir de determinadas condições, seriam escolhidos os princípios de justiça.

Nesse sentido, o que Rawls faz é utilizar esse recurso, que ele denomina posição original, para demonstrar quais os princípios que seriam escolhidos pelos indivíduos para reger a estrutura básica da sociedade, a partir de determinadas condições.

Caso se queira ver isso de forma ainda mais pragmática, pode-se dizer que o que Rawls faz é criar um ambiente imaginário, hipotético, que serve de base para que ele indique quais, em sua visão, são os princípios que ele imagina adequados para reger as principais instituições sociais e que revelam a escolha de dois grandes ideais políticos: a liberdade e a igualdade.

Revelam, também, uma opção pelo indivíduo, ou, melhor dizendo, por todos os indivíduos, pois a concepção desenvolvida por Rawls não aceita que um ser humano sobrepuje outro, condenando ainda desigualdades que importem em prejuízos aos demais, ou, ao menos, aos que são menos favorecidos. Essa parte da concepção de Rawls, quero salientar, é de suma importância para a utilização, por mim, de sua teoria, pois não consigo conceber uma ideia de justiça que não leve em consideração cada um dos indivíduos, considerados, portanto, como seres únicos e detentores, somente pela sua condição de pessoas, de um mínimo de direitos[26].

Na posição original as partes estão cobertas pelo véu da ignorância, o que significa que "elas não sabem como as várias alternativas irão afetar o seu caso particular, e são obrigadas a avaliar os princípios unicamente com base nas considerações gerais"[27].

Para Gisele Cittadino, o véu da ignorância garante "a imparcialidade da concepção política de justiça"[28]. Isso porque os indivíduos representativos, como Rawls os denomina[29], não conhecem sua situação pessoal, o que pressupõe que

---

(25) *Uma teoria da justiça*. 2 ed. Tradução de Almiro Pisetta e Lenita Maria Rimoli Esteves. São Paulo: Martins Fontes, 2002. p. 24.

(26) Aqui fica clara a influência, para mim, das ideias de Immanuel Kant, expostas no Capítulo 3.

(27) *Uma teoria da justiça*. 2 ed. Tradução de Almiro Pisetta e Lenita Maria Rimoli Esteves. São Paulo: Martins Fontes, 2002. p. 147.

(28) *Pluralismo, direito e justiça distributiva*: elementos de filosofia constitucional contemporânea. 4. ed. Rio de Janeiro: Lumen Juris, 2009. p. 101.

(29) Como se pode depreender de Rawls, os indivíduos representativos são os que estão em situações que configuram posições sociais relevantes, são escolhidos pelos níveis de riqueza e renda, e representam os que têm (em relação a cada um desses indivíduos representativos) as mesmas expectativas

os princípios serão adotados de forma imparcial, uma vez que a escolha destes ocorrerá de forma alheia à experiência dos indivíduos.

Eles (os indivíduos) não saberão, por exemplo, se são ricos ou pobres, qual seu nível educacional, seu gênero, sua cor etc., condições que, dependendo dos princípios escolhidos, poderiam, no mundo real, ser prejudiciais aos próprios indivíduos responsáveis pela escolha dos princípios.

Isso fica claro em duas passagens da obra de Rawls. Na primeira, diz o autor: "(...) ninguém conhece seu lugar na sociedade, a posição de sua classe ou o *status* social e ninguém conhece sua sorte na distribuição de dotes e habilidades naturais, sua inteligência, força, e coisas semelhantes"[30].

Já na segunda, ele explica o objetivo de excluir princípios que só seriam escolhidos se o indivíduo conhecesse os fatos, mas que são irrelevantes sob a ótica da justiça, e exemplifica: "[por exemplo, se um homem soubesse que era rico, ele poderia achar racional defender o princípio de que vários impostos em favor do bem-estar social fossem considerados injustos; se ele soubesse que era pobre, com grande probabilidade proporia o princípio contrário"[31].

Observe-se que a escolha pressupõe que os indivíduos são racionais e desinteressados nos outros indivíduos. A racionalidade, para Rawls, significa um indivíduo que, à luz das opções de que dispõe, é capaz de classificar suas opções e seguir o plano que melhor satisfará seus desejos e que pode ser executado com maior chance de ser bem sucedido[32]. Isso porque a racionalidade é necessária para a decisão maximin, que pode ser sinteticamente traduzida como a melhor entre as piores[33], e é necessária para a escolha dos princípios de justiça.

Já o desinteresse, que também é necessário para a escolha dos princípios de justiça, pois é preciso que as partes se concentrem em si mesmas, não significa que estas, como se vê em Rawls, caso vistas concretamente, não teriam interesse, na vida comum e em uma sociedade bem ordenada, nas outras pessoas[34]. Para o autor, "a motivação das partes na posição original não determina diretamente a motivação das pessoas em uma sociedade justa"[35].

---

em relação aos bens primários (*Uma teoria da justiça*. 2. ed. Tradução de Almiro Pisetta e Lenita Maria Rimoli Esteves. São Paulo: Martins Fontes, 2002. p. 101-106).

(30) *Ibidem*, p. 13.

(31) *Ibidem*, p.21.

(32) *Ibidem*, p. 154.

(33) Conforme Álvaro de Vita, "em situações de escolha na incerteza, opta-se pela alternativa cujo pior resultado possível é superior aos piores resultados possíveis das demais alternativas" (*Justiça liberal*. Rio de Janeiro: Paz e Terra, 1993. p. 42).

(34) *Uma teoria da justiça*. 2. ed. Tradução de Almiro Pisetta e Lenita Maria Rimoli Esteves. São Paulo: Martins Fontes, 2002. p. 159.

(35) *Idem*.

Outro aspecto importante é a publicidade, que, para Rawls, é natural em uma teoria contratualista. Assim, todos deverão conhecer os princípios de justiça e suas condições. Para o autor, "[o] ponto importante da condição de publicidade é fazer com que as partes considerem as concepções de justiça como instituições da vida social publicamente reconhecidas e totalmente eficazes"[36].

A publicidade, registro, tem relação com a aceitação geral e universal dos princípios de justiça[37], devendo os princípios estar à mostra, para que todos os indivíduos tenham pleno conhecimento de como eles interferem em suas vidas.

Ela, a propósito, é incompatível com as doutrinas que criam restrições diferenciadas para os indivíduos. Imagine-se a publicidade, por exemplo, no utilitarismo, com um grupo minoritário tendo total consciência de que deverá, pela maximização de determinado bem, sustentar, em situação prejudicial, a utilidade geral[38].

Por fim, antes de indicar os princípios de justiça, creio que é necessário registrar que Rawls entende que devam eles ser elaborados e acolhidos em ordem serial ou lexical. Ele já começa a travar a discussão quando discorre a respeito do intuicionismo e defende que em sua teoria os princípios de justiça devem ser avaliados entre si. Nesse momento, Rawls defende não só a existência de regras de prioridade, que serão apresentadas mais adiante, mas também uma ordem entre os princípios[39].

Mais à frente, voltando novamente ao que Rawls denomina de restrições formais ao conceito de justo, o que foi por mim foi referido em nota, ele indica que "uma concepção de justo deve impor às reivindicações conflitantes uma ordenação", afirmando que isso decorre do papel dos princípios em relação a exigências que concorram entre si, embora vislumbre dificuldades para essa ordenação[40].

Por fim, Rawls estabelece essa ordem que defende, indicando a liberdade como prioritária, e justificando essa prioridade da seguinte forma:

> A prioridade da liberdade significa que, sempre que as liberdades podem ser efetivamente estabelecidas, não é permitido trocar uma liberdade menor

---

(36) *Uma teoria da justiça*. 2. ed. Tradução de Almiro Pisetta e Lenita Maria Rimoli Esteves. São Paulo: Martins Fontes, 2002. p. 143-144.

(37) Ver a respeito de generalidade e universalidade a explicação que é dada por Rawls, a partir do que ele denomina de "restrições formais ao conceito de justo" (*ibidem*, p. 140-146).

(38) Volto aqui ao exemplo a respeito de educação básica que utilizei linhas atrás. Imagine-se que os 10% que ficarão sem educação básica são os que moram nas localidades mais distantes e que, com a eliminação desse custo, que é deslocar pessoal e material para locais de mais difícil acesso, será possível educar os 90% restantes. É uma decisão cruel e que atinge quem mais precisa. Imagine-se, agora, dar conhecimento dessa formulação, dando-lhe publicidade. Fica claro que nem todas as concepções de "justiça" podem ser públicas, pois, em verdade, estão completamente divorciadas da ideia de justo.

(39) *Uma teoria da justiça*. 2. ed. Tradução de Almiro Pisetta e Lenita Maria Rimoli Esteves. São Paulo: Martins Fontes, 2002. p. 44-49.

(40) *Ibidem*, p. 144.

ou desigual por uma melhoria do bem-estar econômico. Só quando as circunstâncias sociais não permitem o estabelecimento efetivo desses direitos básicos é que podemos consentir com sua limitação[41].

Note-se que essa defesa de uma ordem serial, para Rawls, significaria a forma mais adequada de alcançar a total realização dos dois princípios de justiça. Isso fica claro quando Rawls afirma que "as reivindicações da liberdade devem ser satisfeitas primeiro. Até conseguirmos isso, nenhum outro princípio entra em jogo"[42].

Penso que, embora a liberdade seja um ideal político indispensável para o estabelecimento de uma sociedade democrática, não precisa estar ela à frente da igualdade, em uma ordem de prioridade.

Nesse sentido, creio que a formulação de Ronald Dworkin, na teoria da igualdade de recursos[43], que coloca em idêntico patamar a liberdade e a igualdade, ou melhor, como componentes do mesmo ideal político, é mais adequada para sociedades que, ao mesmo tempo em que pretendem garantir aos indivíduos o exercício das liberdades indispensáveis, de igual forma não descuram da obrigação de criar condições materiais, também indispensáveis, para todos, até porque o primeiro ideal, para ser concretizado, depende claramente do segundo, e vice-versa.

Outro que não estabelece uma relação, pode-se dizer, hierárquica entre liberdade e igualdade é Amartya Sen. Para esse autor, de forma coerente com o conjunto de suas ideias, podem até ocorrer conflitos entre liberdade e igualdade, mas isso é, na verdade, uma disputa a respeito de que igualdade é pretendida, a partir da variável que for escolhida. Por esse motivo, conclui que, "[a] liberdade está entre os possíveis campos de aplicação da igualdade, e a igualdade está entre os possíveis padrões de distribuição da liberdade"[44].

Dadas essas condições, Rawls estabelece os princípios de justiça que seriam escolhidos pelas partes, e que, na formulação definitiva, já com as regras de prioridade, são os seguintes:

Primeiro Princípio

Cada pessoa deve ter um direito igual ao mais abrangente sistema total de liberdades básicas iguais que seja compatível com um sistema semelhante de liberdades para todos.

---

(41) Ibidem, p. 164. Ver também a p. 65 da mesma obra, quando Rawls afirma: "[e]ssa ordenação significa que as violações das liberdades básicas iguais protegidas pelo primeiro princípio não podem ser justificadas nem compensadas por maiores vantagens econômicas e sociais".

(42) Ibidem, p. 267.

(43) Ver o capítulo 3 de *A virtude soberana*: a teoria e a prática da igualdade. 2 ed. Tradução de Jussara Simões. São Paulo: Editora WMF Martins Fontes, 2011.

(44) *Desigualdade reexaminada*. Tradução de Ricardo Doninelli Mendes. Rio de Janeiro: Record, 2001. p. 53-54.

Segundo Princípio

As desigualdades econômicas e sociais devem ser ordenadas de tal modo que, ao mesmo tempo:

a) Tragam o maior benefício possível para os menos favorecidos, obedecendo às restrições do princípio da poupança justa, e

b) Sejam vinculadas a cargos e posições abertos a todos em condições de igualdade equitativa de oportunidades.

Primeira Regra de Prioridade (A Prioridade da Liberdade)

Os princípios da justiça devem ser classificados em ordem lexical e portanto as liberdades básicas só podem ser restringidas em nome da liberdade.

Existem dois casos:

a) Uma redução da liberdade deve fortalecer o sistema total das liberdades partilhadas por todos;

b) Uma liberdade desigual deve ser aceitável para aqueles que têm liberdade menor.

Segunda Regra de Prioridade (A prioridade da Justiça sobre a Eficiência e sobre o Bem-Estar)

O segundo princípio da justiça é lexicalmente anterior ao princípio da eficiência e ao princípio da maximização da soma de vantagens; e a igualdade equitativa de oportunidades é anterior ao princípio da diferença. Existem dois casos:

a) Uma desigualdade de oportunidades deve aumentar as oportunidades daqueles que têm uma oportunidade menor;

b) Uma taxa excessiva de poupança deve, avaliados todos os fatores, tudo somado, mitigar as dificuldades dos que carregam esse fardo[45].

Pelos princípios e regras de prioridade, fica claro que Rawls opta por começar a construir seus princípios de justiça pela liberdade, ou melhor, pelas liberdades básicas, indicando o autor, como principais, as liberdades política, de expressão, de reunião, de consciência, de pensamento, o que chama de liberdades da pessoa, "que incluem a proteção contra a opressão psicológica e a agressão física (integridade da pessoa)", além do "direito à propriedade privada e a proteção contra a prisão e detenção arbitrárias, de acordo com o conceito de estado de direito"[46].

---

(45) *Uma teoria da justiça*. 2. ed. Tradução de Almiro Pisetta e Lenita Maria Rimoli Esteves. São Paulo: Martins Fontes, 2002. p. 333-334.

(46) *Ibidem*, p. 65.

Essas liberdades devem ser iguais para todos e, embora não sejam absolutas, não podem ser restringidas, para Rawls, como já visto, em nome de outros valores ou bens, mas somente no caso de fortalecerem o seu próprio sistema total[47].

Já no segundo princípio, que "se aplica à distribuição de renda e riqueza e ao escopo das organizações que fazem uso de diferenças de autoridade e de responsabilidade"[48], Rawls aceita as desigualdades econômicas e sociais, mas desde que tragam o maior benefício que for possível para os menos favorecidos e desde que se tenha igualdade de oportunidades.

Na verdade, deve ser o segundo princípio considerado como sendo composto de dois princípios: o princípio da igualdade equitativa de oportunidades e o princípio da diferença[49], sendo o primeiro, como visto, na segunda regra de prioridade, anterior ao segundo.

O princípio da igualdade equitativa de oportunidades, que para Rawls não deve ser visto como conduzindo a uma sociedade meritocrática[50], tem como objetivo garantir que todos tenham acesso, de forma equitativa, aos cargos e posições disponíveis, e isso pode indicar que, em alguns casos, deverá a sociedade dar mais atenção aos que têm menos, em termos de talentos e de condições sociais e econômicas[51].

Já o princípio da diferença, segundo Álvaro de Vita, "traduz uma concepção de igualdade de recursos ou de 'bens primários' [...] e trata-se de assegurar uma distribuição *equitativa* (não necessariamente igual) de recursos escassos e somente admitir desigualdades que sejam aceitáveis segundo um critério de justiça". Para o autor, aceitáveis são desigualdades que podem ser justificadas[52].

É o que venho, em linguagem mais coloquial, denominando de "desigualdade controlada". Ela teria, como teto, o que cada indivíduo licitamente amealhar, menos o que é destinado, especialmente pela tributação – e que pode ser progressiva –, à redistribuição, e como piso os Direitos Humanos e, no plano interno dos Estados, os Direitos Fundamentais, que podem ser representados, na teoria de Rawls, pelos bens primários, mais abaixo referidos.

Cabe destacar que, para Rawls, os princípios de justiça não podem ser moldados a partir de arranjos, em que, a perda de uns em alguns aspectos seja compensada por maior vantagem de outros. Isso, parece claro, pode ser depreendido da seguinte passagem:

---

(47) Rawls afirma, textualmente: "a liberdade pode ser restringida apenas em nome da própria liberdade" (*Ibidem*, p. 267).

(48) *Ibidem*, p. 65.

(49) *Ibidem*, p. 79.

(50) *Ibidem*, p. 89.

(51) Ver a obra citada, p. 107-109.

(52) *Justiça liberal*. Rio de Janeiro: Paz e Terra, 1993. p. 48.

[...]não se permite que diferenças de renda ou em posições de autoridade e responsabilidade sejam justificadas pela alegação de que as desvantagens de uns em uma posição são compensadas pelas maiores vantagens de outros em posições diferentes. Muito menos ainda podem infrações à liberdade ser contrabalançadas desse modo[53].

Por fim, vale notar que os princípios estão relacionados aos bens primários, que são "coisas que se supõe que um homem racional deseja, não importando o que ele mais deseja", e que, para Rawls, de forma ampla, são "direitos, liberdades e oportunidades, assim como renda e riqueza"[54].

Os bens primários a que Rawls se refere, a propósito, são os bens primários sociais, que, como explica Kymlika, constituem os distribuídos pelas instituições sociais, e não os naturais, como a saúde e os talentos, entre outros, e que, embora possam ser influenciados de diversas formas pelas instituições sociais, não são por elas distribuídos[55].

A teoria de Rawls é considerada um marco na discussão a respeito da justiça distributiva, uma vez que introduz, de forma vigorosa, a igualdade como ideal político, rompendo com a visão liberal clássica, concentrada até então no binômio liberdade-propriedade privada.

A propósito da justiça distributiva, entende Samuel Fleischacker que os dois princípios de justiça de Rawls correspondem a uma definição precisa dessa concepção, no seu sentido atual, e que isso, antes, não existia[56].

Para os defensores de uma distribuição mais igualitária e, portanto, mais justa, dos bens e oportunidades, todavia, ela ainda é considerada acanhada, por diversos fatores, dentre eles a posição hierárquica inferior que a igualdade substancial tem em relação à liberdade; o fato de que os bens primários ainda estão aquém do que se considera justo, especialmente em sua distribuição; e a pouca importância que os grupos vulneráveis recebem.

Relativamente à posição hierárquica inferior da igualdade, na ordem de formulação e cumprimento dos princípios de justiça, isso foi visto mais acima, e há

---

(53) *Uma teoria da justiça*. 2. ed. Tradução de Almiro Pisetta e Lenita Maria Rimoli Esteves. São Paulo: Martins Fontes, 2002. p. 69.

(54) *Ibidem*, p. 97-98. Importante observar que Rawls ainda inclui, entre os bens primários, o que denomina de autoestima, embora ele só vá discutir esse bem mais adiante. Para isso, ver no livro que estou analisando, as páginas 487-494, que correspondem à seção 67 do livro, intitulado *Autoestima, excelências e vergonha*.

(55) *Filosofia política contemporânea*: uma introdução. Tradução de Luís Carlos Borges. São Paulo: Martins Fontes, 2006. p. 82.

(56) *Uma breve história da justiça distributiva*. Tradução de Álvaro de Vita. São Paulo: Martins Fontes, 2006. p. 166.

possibilidade de ser essa ordem serial superada, a partir de Dworkin, como indiquei anteriormente, o que, penso, deve ser considerado.

No tocante aos bens primários, eu já havia, em estudo anterior, concluído que se poderia, a partir da enumeração feita por Rawls, entender que seria possível defendê-los como suficientes, desde que definidos como todos os fundamentais. Optei, naquele momento, todavia, pela teoria da igualdade de recursos de Dworkin, até porque compreendi que os recursos, em Rawls, estariam distribuídos de forma desigual, e que isso seria insuficiente[57].

Penso, entretanto, que se pode olhar a discussão feita por Rawls sob um ângulo diverso, eliminando, ao menos em grande parte, essa crítica, mas sem com isso deixar de utilizar o pensamento de Dworkin, que continuaria sendo uma boa opção para a distribuição dos recursos, com sua teoria agora sendo conjugada à de Rawls, especialmente no aspecto da livre escolha dos recursos, a partir do plano de vida de cada um dos indivíduos.

Da mesma forma, fiz, ainda, no estudo mencionado, uma reflexão a partir de Amartya Sen, relativamente ao fato de que outro problema a respeito dos bens primários – e isso, observo, mesmo que distribuídos igualmente – decorre de o foco nos bens, por Rawls, não levar em consideração o fato de que isso não significa que o uso desses bens será equânime[58]. Isso fica claro quando Sen afirma que: "uma pessoa em desvantagem pode conseguir com os bens primários menos do que outras"[59], tendo isso, porém, mais relação com a última crítica, discutida de agora em diante.

Em relação a essa última crítica, que é a pouca importância que os grupos vulneráveis recebem, Rawls deixa claro, em sua justiça como equidade, que a análise é feita considerando uma "posição de cidadania igual e dos vários níveis de renda e riqueza". Abre espaço, não obstante, para, em certos casos, ocorrer a consideração de outras posições, exemplificando com a diferença de gênero, ou com as decorrentes de castas, de raça ou de etnia, o que, para o autor, entretanto, complicaria a aplicação dos princípios de justiça[60].

Isso, todavia, não é suficiente para definir a distribuição dos recursos, ou dos bens primários, como os denomina o autor, a partir da necessária ideia da diversidade humana e das situações de exclusão que essa diversidade ocasiona, sendo outra crítica que procede, exigindo que, nesse aspecto, a concepção de Rawls seja

---

(57) *Ações afirmativas*. 3. ed. São Paulo: LTr, 2014. p. 46

(58) *Idem*.

(59) *Desigualdade reexaminada*. Tradução de Ricardo Doninelli Mendes. Rio de Janeiro: Record, 2001. p. 139.

(60) *Uma teoria da justiça*. 2. ed. Tradução de Almiro Pisetta e Lenita Maria Rímoli Esteves. São Paulo: Martins Fontes, 2002. p. 105.

ampliada. Isso, todavia, não prejudica de todo o que venho sustentanto a respeito da teoria rawlsiana, apenas exige sua atualização, o que é até natural, passados mais de 40 anos da formulação original.

Gargarella, a propósito, explica o fato de Rawls, em sua teoria, ser insensível aos dons das pessoas, o que leva a que algumas delas possam sofrer prejuízos por circunstâncias que não controlam. Exemplifica da seguinte forma: "uma pessoa com salário um pouco maior que a outra, mas com graves afecções físicas, estaria – de acordo com a teoria de Rawls – melhor que esta última, mesmo que seu salário maior não seja suficiente para pagar os remédios que necessita, devido a suas desvantagens naturais"[61].

Da mesma forma, Dworkin, falando do princípio da diferença, afirma que este, como concebido, não é sensível o suficiente "à posição das pessoas com deficiências naturais, físicas ou mentais, que não constituem, em si, um grupo em pior situação, pois este é definido economicamente e, portanto, elas não poderiam contar com um representante ou membro médio de tal grupo". Dworkin observa que Rawls chama a atenção para o princípio da reparação, mas que ele mesmo registra que este não estaria contido no princípio da diferença, "embora se incline na mesma direção"[62].

A esse respeito, para Rawls, o princípio da reparação "determina que a fim de tratar as pessoas igualitariamente, de proporcionar uma genuína igualdade de oportunidades, a sociedade deve dar mais atenção àqueles com menos dotes inatos e aos oriundos de posições sociais menos favoráveis"[63]. Observa ainda o autor que, embora o princípio da reparação represente um dos elementos de sua concepção de justiça, ele não é o princípio da diferença, que realiza apenas em parte os objetivos do primeiro[64].

Amartya Sen, discutindo essa questão, afirma que, embora Rawls tenha o que denomina de "profunda preocupação [...] pelas situações de desvantagem", sua maneira de lidar com ela é limitada, pois isso só será levado em consideração em uma fase posterior da concepção de justiça desse autor, não interferindo na forma como será sustentada a estrutura básica da sociedade, ou seja, não encontrando espaço nos dois princípios de justiça[65].

---

(61) *As teorias da justiça depois de Rawls*: um breve manual de filosofia política. Tradução de Alonso Reis Freire. São Paulo: WMF Martins Fontes, 2008. p. 67.

(62) *A virtude soberana*: a teoria e a prática da igualdade. Tradução de Jussara Simões. São Paulo: Martins Fontes, 2005. p. 148-149.

(63) A primeira situação é conhecida como azar natural e a segunda como azar social.

(64) *Uma teoria da justiça*. 2. ed. Tradução de Almiro Pisetta e Lenita Maria Rímoli Esteves. São Paulo: Martins Fontes, 2002. p. 107-108.

(65) *A ideia de justiça*. Tradução de Nuno Castello-Branco Bastos. Coimbra: Almedina, 2010. p. 354-356, estando a citação literal na p. 355.

E essa é uma questão que, entendo, precisa, de fato, ser mais bem resolvida, pois é necessário considerar, para maior igualdade, não só a desigualdade socioeconômica, mas também os fatores que conduzem à exclusão, havendo autores que trabalham a discussão de forma mais adequada.

Antes de continuar a discussão a respeito da teoria de Rawls, e indicar as razões pelas quais acredito que ela pode sustentar uma concepção adequada de Direitos Humanos – com os ajustes, repito, decorrentes de atualização necessária de sua teoria à passagem do tempo, que importou na elevação das expectativas das pessoas –, e aproveitando ideias de Dworkin, devo dizer que o que, principalmente, me anima em sua teoria é a possibilidade que ela apresenta de justificar uma justa distribuição dos Direitos Humanos, especialmente os sociais, o que me leva, agora, a revelar os motivos que me fazem discutir essa questão como algo importante.

O direito do ser humano aos direitos sociais é uma questão que tem ocupado minhas reflexões já há algum tempo, especialmente pela natureza de alguns argumentos que são apresentados para negar às pessoas o que é necessário para que usufruam desses direitos, dando curso às ações necessárias para o cumprimento de seu plano de vida.

De fato, inúmeras razões têm sido apresentadas para justificar essa negativa, desde o argumento de que é preciso compatibilizar as necessidades das pessoas à capacidade do Estado de prestar os serviços necessários, até chegar à alegação de que esses direitos não podem ser entendidos como configurando direitos subjetivos de índole individual[66].

A esse respeito, publiquei em 2008 texto intitulado "Direitos fundamentais sociais: realização e atuação do Poder Judiciário", nele concluindo o seguinte:

[...] de pouco adianta consolidar a idéia de que há direitos mínimos garantidos a todos os seres humanos se ficarmos, sempre, postergando sua realização.

Argumentos contrários, com aparência de legalidade e até de bom-senso, sempre existirão. O que todos precisamos decidir é se vamos ceder a esses argumentos, fazendo da vontade da coletividade e da Constituição letras mortas, ou se vamos afastar esses argumentos contrários e materializar, de fato, o bem-comum.

De minha parte, penso que tempo é de praticar todos os atos necessários para que os direitos sejam concedidos, sem exceções, e sem condicionantes. Já é hora de todos termos o mínimo[67].

Nesse texto, escrito cerca de seis anos atrás, defendi, como pode ser depreendido da transcrição acima, a plena realização dos direitos sociais, a partir da ideia

---

(66) Voltarei a discutir essa questão no Capítulo 6.
(67) *Revista do TRT da 8ª Região – Suplemento Especial Comemorativo*, Belém, v. 41, n. 81, Jul./Dez./2008. p. 87.

de serem esses direitos componentes do mínimo necessário para o respeito à dignidade do ser humano, não fazendo sentido reconhecer a indispensabilidade de direitos se eles não serão respeitados no patamar adequado.

E há, penso, uma concepção teórica que permite acolher essa ideia de forma natural: o liberalismo de princípios, sendo que, neste texto, como diversas vezes indicado, minha opção é pelo seu autor original, que é John Rawls.

Primeiro, porque acredito que é de Rawls a melhor concepção, das atualmente existentes, para a ideia de justiça distributiva.

Sintetizando essa ideia, essa concepção se esteia no reconhecimento, como afirma Samuel Fleischacker, de que "alguma distribuição de bens é devida a todos os seres humanos, em virtude apenas de serem humanos"[68].

Sob esse prisma, Fleischacker indica as premissas necessárias para o moderno conceito de justiça distributiva, e que são:

1. Cada indivíduo, e não somente sociedades ou a espécie humana como um todo, tem um bem que merece respeito, e aos indivíduos são devidos certos direitos e proteções com vistas à busca daquele bem;

2. Alguma parcela de bens materiais faz parte do que é devido a cada indivíduo, parte dos direitos e proteções que todos merecem;

3. O fato de que cada indivíduo mereça isso pode ser justificado racionalmente, em termos puramente seculares;

4. A distribuição dessa parcela de bens é praticável: tentar conscientemente realizar essa tarefa não é um projeto absurdo nem é algo que, como ocorreria caso se tentasse tornar a amizade algo compulsório, solaparia o próprio objetivo que se tenta alcançar; e

5. Compete ao Estado, e não somente a indivíduos ou organizações privadas, garantir que tal distribuição seja realizada.[69]

Ela é feita por Fleischacker, obviamente, sob a perspectiva liberal de princípios, pois toma por base que a distribuição deve ser feita a todos os indivíduos, nessa condição, sendo possível sintetizar as premissas acima em duas partes: I – cada indivíduo é merecedor de direitos básicos, estando uma certa parcela de bens materiais compreendida nesses direitos; II – garantir que ocorrerá a distribuição desses bens – entendida a distribuição como algo factível – compete principalmente ao Estado.

---

(68) FLEISCHACKER, Samuel. *Uma breve história da justiça distributiva*. São Paulo: Martins Fontes, 2006. p. 12.
(69) *Idem*.

Volto, então, a Rawls, para continuar a argumentação que comecei parágrafos atrás, e a partir de duas ideias que são caras a este autor. A primeira, de que cada indivíduo deve ser levado em consideração, respeitadas as suas diferenças, já foi vista acima, quando mostrei o pensamento daquele autor em relação ao utilitarismo.

A segunda, pelo que pode ser depreendido em um dos princípios de justiça enunciados por Rawls, é o princípio da diferença[70], já singelamente explicado, e que gera o que tenho denominado, repito, de desigualdade controlada.

Da forma como expliquei o princípio da diferença, todavia, reconheço, é possível que restem dúvidas a respeito do que compõe o mínimo e sobre quem seria o responsável pela sua concessão.

Algumas passagens da teoria da justiça, entretanto, retiram essas dúvidas.

De início, é possível inferir que os bens primários, para Rawls, não obstante a enumeração um pouco vaga feita por ele, são os definidos como indispensáveis para todos os indivíduos, independentemente de seus planos de vida. Possivelmente isso é o que Rawls quer indicar quando afirma, como citado, que os bens primários são "coisas que se supõe que um homem racional deseja, não importando o que ele mais deseja"[71].

Da mesma forma, Rawls, mais adiante, defende que o mínimo é o que maximiza as expectativas do grupo menos favorecido[72]. Entende, ainda, que esse mínimo independe das pessoas, ou de seu mérito moral. Nesse sentido, afirma o autor:

> Um sistema justo, portanto, determina aquilo a que os homens têm direito; satisfaz as suas expectativas legítimas, que são fundadas nas instituições sociais. Mas aquilo a que elas têm direito não é proporcional nem depende do valor intrínseco das pessoas. Os princípios de justiça que regulam a estrutura básica e especificam os deveres e obrigações dos indivíduos não mencionam o mérito moral, e as partes distributivas não tendem a corresponder-lhe[73].

Pois bem, Rawls fixa, de forma clara, que garantir esse mínimo é tarefa do setor de transferências e, logo adiante, quando trata da renda, que seu total não pode ser determinado pela competição, afirmando que a parte da renda que será

---

(70) Obra citada.

(71) Penso que isso – a relação dos bens primários com os planos de vida – fica mais claro, ainda, quando Rawls afirma que "... os bens primários devem por fim revelar-se como as coisas que são geralmente necessárias para a realização efetiva desses planos, independentemente da natureza particular do plano e de seus objetivos finais" (*Uma teoria da justiça*. 2. ed. Tradução de Almiro Pisetta e Lenita Maria Rímoli Esteves. São Paulo: Martins Fontes, 2002. p. 454).

(72) *Ibidem*, p. 315.

(73) *Ibidem*, p. 343.

estabelecida pelo sistema de preços deve ser alheia ao mínimo necessário, que adviria das transferências[74]. Assim, cabe ao Estado, para Rawls, a transferência do mínimo, que estou indicando como os direitos indispensáveis, ou, na linha do eu estou aqui expondo, os Direitos Humanos[75].

A quem principalmente cabe garantir os bens primários está claro, pelo que, no caso do Brasil, seriam os entes públicos, nos diversos níveis da Federação, nos termos estabelecidos pela Constituição da República.

Faltaria, no entanto, indicar quais seriam os bens primários? Creio que não, pois são eles, no plano global, os Direitos Humanos e, no plano interno de cada Estado, os Direitos Fundamentais.

Dessa feita, uma última questão se impõe: e em que limite os bens primários devem ser concedidos, pois essa é a grande discussão que trava a doutrina?

Penso que, para Rawls, o limite está relacionado ao que for necessário para que cada indivíduo fique em condições de iniciar a prática das ações necessárias ao seu plano de vida, e isso, então, mais do que sustentar uma concepção de Direitos Humanos, sustenta, ainda, sua plena realização, considerando as particularidades de cada pessoa.

Isso não quer dizer tudo o que cada indivíduo pretender, mas sim o básico, o indispensável, concedido na medida da individualidade das pessoas, quando isso for necessário para que qualquer pessoa fique em condições de cumprir seu plano de vida.

Exemplificando, para que fique mais claro, e a partir de um assunto que permite uma instantânea compreensão, basta perguntar: em relação à saúde, o que é o básico, o mínimo? Claro que não pode ser um "mínimo de saúde", sinônimo de uma vida precária. Só pode ser a saúde plena, no limite do que for possível, considerando o conhecimento disponível.

E isso para cada uma das pessoas, sendo por esse motivo, ou seja, de o direito estar relacionado ao mínimo necessário para cada indivíduo, que o pensamento de Rawls – e dos liberais de princípios em geral –, de que todas as pessoas devem ser levadas em consideração, é importante, pois é forçoso admitir que o direito à saúde, embora classificado como um direito social, também é um direito individual, pelo menos em sua fruição, com a consequência de que o Estado é obrigado a proporcionar a cada indivíduo o que for necessário para que esse direito seja satisfeito.

Na educação acontece, em certos casos, o mesmo, pois não é possível garantir educação, ainda que a mais básica, para todos, sem levar em consideração as

---

(74) *Ibidem*, p.305-306.

(75) Pois é aqui que Rawls rompe com a concepção tradicional de liberalismo, inaugurando o liberalismo de princípios, e concebendo uma nova forma de entender a ideia de justiça distributiva.

necessidades de cada pessoa. Imagine-se uma situação como a da cidade de Belém, capital do Estado do Pará, em que existem diversas ilhas que fazem parte do município. Para os moradores dessas ilhas é preciso um esforço maior do Estado para a concessão do direito, quer montando escolas nas próprias ilhas, quer criando um sistema para o transporte para as escolas onde estudam os moradores, quase todos de baixa renda.

Em uma concepção que não leva a sério cada uma das pessoas, assim como o direito delas a recursos mínimos, ou bens primários, possivelmente a solução seria deixada para cada um dos indivíduos. Assim fariam os utilitaristas, por exemplo, considerando que a felicidade geral seria alcançada pela concessão da educação à maior parte das pessoas em idade escolar. Assim fariam os libertários, julgando que bastaria estar a escola à disposição, cabendo a cada pessoa gerar as condições para nela permanecer.

Por essas razões, creio que as ideias de Rawls, expostas de forma sistematizada desde a década de setenta, no século passado, em *Uma teoria da justiça*, ainda são adequadas para justificar a ideia de Direitos Humanos, assim como sua plena realização.

Nesse momento, todavia, poder-se-ia dizer que a teoria de Rawls encontra um limite nas duas primeiras dimensões dos Direitos Humanos, pois discute igualdade e liberdade, mas não os direitos de 3ª dimensão.

Penso que é possível ir além desse suposto limite. Primeiro porque Rawls admite que todos os direitos que são indispensáveis, os bens primários, devem ser garantidos. Ora, se é feita uma equiparação entre bens primários e Direitos Humanos, os que compõem a 3ª dimensão, a partir do momento em que forem reconhecidos como tal, estarão reconhecidos pela teoria de justiça concebida por Rawls.

Há, todavia, outro argumento, e que, em se tratando das teorias tradicionais da justiça, só foi esgrimido por John Rawls. Ele decorre da preocupação demonstrada por Rawls a propósito dos direitos das futuras gerações.

A esse respeito, Rawls vem, ao longo dos primeiros capítulos de *Uma teoria da justiça*, aqui e ali falando do problema da justiça entre gerações, para, no 5º capítulo, na seção 44, discuti-lo[76], chegando à conclusão de que é preciso respeitar o que denomina princípio justo de poupança, que justificaria a poupança que seria feita em cada geração, em favor das que virão depois.

Isso, a propósito, finda por dar uma nova formulação ao segundo princípio de justiça, relativamente ao princípio da diferença, que passa a incluir o princípio da poupança justa. Em termos práticos, a redistribuição que é feita, especialmente em favor dos menos favorecidos, e que permite que usufruam dos bens primários,

---

(76) *Uma teoria da justiça*. 2. ed. Tradução de Almiro Pisetta e Lenita Maria Rímoli Esteves. São Paulo: Martins Fontes, 2002. p. 314-324).

particularmente renda e riqueza, é limitada pelo fato de que uma parte do que seria redistribuído é canalizado para a formação de uma poupança em favor das gerações futuras.

E a poupança justa, embora em um primeiro momento se possa nela pensar em termos restritos, não deve ser imaginada, necessariamente, somente em termos de ativos financeiros. Pelo contrário, pode perfeitamente ser pensada, por exemplo, sob a perspectiva do direito ao desenvolvimento, que é um direito da 3ª dimensão, ou, em termos de proteção dos recursos, entre eles os naturais, e, portanto, relacionada diretamente ao meio ambiente[77], outro dos direitos de 3ª dimensão, ainda que Rawls, possivelmente, no início da década de 1970, não conseguisse vislumbrar esse direito da forma como ele hoje é visto, com sua titularidade vinculada a toda a comunidade, ou, aproveitando seu disciplinamento, no Brasil, a uma coletividade indeterminada de pessoas[78].

Tanto é assim que ele continua a relacionar a poupança justa aos menos favorecidos, e não como se pensa hoje no tocante ao meio ambiente, em que a relação é feita, primordialmente, em relação a todos. Essa atualização, todavia, penso, não desautoriza a conclusão que expus, de que a teoria da justiça como equidade é uma teoria que pode ser utilizada, com as adaptações necessárias em razão da passagem do tempo, para justificar a defesa de uma ideia completa de Direitos Humanos e, ainda, de sua proteção em nível pleno.

Não posso, por fim, deixar de encerrar este item sem uma consideração importante, e que justifica, também, a adoção da concepção de Rawls, ou, mais ainda, faz com que ela seja natural.

Como já referido em nota, um pouco antes, o que também se depreende da leitura da obra de Rawls que discuto neste item, a relação entre ele e Kant é uma relação de proximidade. É que, a obra de Rawls é profundamente influenciada pelas concepções kantianas.

Veja-se a propósito, por exemplo, o que afirma Paul Guyer:

> John Rawls é honrado justamente por ter começado um grande ressurgimento do interesse pela filosofia prática de Kant, nas décadas que se seguiram

---

(77) Não por coincidência, é claro, um dos princípios do Direito Ambiental, ou Direito do Ambiente, como denomina Édis Milaré, é, como ensina este autor, o princípio da solidariedade intergeracional, que "busca assegurar a solidariedade da presente geração em relação às futuras, para que também estas possam usufruir, de forma sustentável, dos recursos naturais. E assim sucessivamente, enquanto a família humana e o planeta terra puderem coexistir pacificamente" (*Direito do ambiente*. 8 ed. São Paulo: Editora Revista dos Tribunais, 2013. p. 259).

(78) Observe-se, a propósito, que a Declaração da Conferência das Nações Unidas sobre o Ambiente Humano, também conhecida como Declaração de Estocolmo, é de 1972, depois que *Uma teoria da justiça* foi lançada. Disponível em: <http://www.direitoshumanos.usp.br/index.php/Meio-Ambiente/declaracao-de-estocolmo-sobre-o-ambiente-humano.html>. Acesso em: 5 jun. 2014.

à publicação de *Uma teoria da justiça*, em 1971. Sabe-se muito bem que ele concebeu sua 'posição original' como uma interpretação para o uso da ideia de 'contrato social' feito por Kant. De fato, ele se referiu à 'interpretação kantiana' como a base de sua teoria[79].

Não haveria coerência, nas ideias que exponho neste livro se eu adotasse, para os pressupostos dos Direitos Humanos, marcos teóricos que não fizessem um diálogo entre si, e que não convivessem harmoniosamente, no que é importante.

Por isso, também, a escolha de Rawls, que adota aspectos significativos da concepção kantiana, o que faz com que a teoria da justiça do primeiro venha somar com duas questões primordiais apresentadas pelo segundo: a noção de dignidade da pessoa humana, apresentada no Capítulo 3, e a universalidade, que será exposta no Capítulo 5.

4.2. PRESSUPOSTOS DOS DIREITOS HUMANOS

Feita a exposição do liberalismo de princípios, especialmente as concepções de Rawls, e como dito no início do capítulo, penso que, além do fundamento dos Direitos Humanos, que é a dignidade da pessoa humana, e que é, por óbvio, o vetor que indica quais direitos devem fazer parte desse conjunto, a partir da noção de indispensabilidade, há mais dois pressupostos – tomando a dignidade como o fundamento, mas, também, como o primeiro pressuposto – para uma concepção completa de Direitos Humanos.

O segundo pressuposto, entendo, é que liberdade e igualdade devem ser ideais políticos com igual valor. Nesse sentido, esses dois princípios devem ter a mesma importância. Por isso é que, embora optando pela concepção de Rawls, defendi no item anterior que, no tocante à relação entre liberdade e igualdade, o correto é aceitar a forma como Dworkin a estabelece, sem hierarquização.

É que, entre os Direitos Humanos não há hierarquia. Ainda que eles possam e precisem ser divididos, para fins de compreensão e de aplicação, isso não significa que o ideal que agrega cada parte dessa divisão seja mais importante que os outros.

A respeito dos dois ideais, a liberdade de que falo é a que se conhece como liberdade civil, ou com restrições, e relacionada, especialmente, às liberdades mais básicas, como foi visto com Rawls, linhas acima, no item anterior, e a igualdade a que se denomina de material, mas que prefiro indicar como substancial, e não, simplesmente, a igualdade formal, ou igualdade perante a lei[80].

---

(79) Autonomia e responsabilidade na filosofia política de Kant. In: BORGES, Maria de Lourdes e HECK, José (Org.). *Kant*: liberdade e natureza. Florianópolis: Ed. da UFSC, 2005. p. 13.

(80) Ver, a respeito, o que consta sobre a igualdade formal e a igualdade material no *Curso de direito constitucional*, de Ingo Wolfgang Sarlet, Luiz Guilherme Marinoni e Daniel Mitidiero (São Paulo: Editora

É que não é suficiente, para sustentar a ideia de que todos os seres humanos devem ter os direitos básicos para preservar a sua dignidade, uma igualdade que seja apenas de exercício de direitos. Ao contrário, é preciso que um mínimo de condições materiais seja garantido, pois esse mínimo é que dá o suporte para que as pessoas possam dar curso às ações necessárias para cumprir seu plano de vida, qualquer que seja esse plano de vida.

Observe-se que, dar, a partir desse pressuposto, aparentemente, mais destaque a dois dos três ideais políticos que sustentam os Direitos Humanos, deixando de fora a fraternidade, ou, na perspectiva da divisão pelo interesse, os direitos difusos, não significa dar à liberdade e à igualdade maior importância, mas, tão somente, tentar demonstrar que esses dois ideais, que dividem as teorias políticas há tanto tempo, não devem ser pensados em termos excludentes, nem de forma que um sobrepuje o outro[81].

Não. Os dois devem ser tidos, como dito ao início, com a mesma importância, e isso é o que quero salientar.

Já o terceiro pressuposto implica fortalecer um modelo ampliado de justiça distributiva, compreendido como modelo em que o Estado reconhece que é sua obrigação proporcionar (e exigir o respeito a isso) o acesso das pessoas a todos os bens fundamentais (até os materiais), especialmente para os mais necessitados, reconhecendo, ainda, que, para que exista efetivamente igualdade, é preciso considerar – agindo – que há grupos que precisam de condições especiais de acesso a esses bens.

É que não é qualquer concepção de justiça distributiva que é capaz de dar conta da obrigação que têm o Estado, especialmente, e a sociedade de garantir a todas as pessoas o que é indispensável, e que denominamos, no plano internacional, de Direitos Humanos.

Revista dos Tribunais, 2012. p. 526-528). Das páginas citadas, pode-se, para esclarecer alguns pontos, extrair algumas passagens. A primeira: "A igualdade perante a lei, que corresponde à igualdade formal, habitualmente veiculada pela expressão 'todos são iguais perante a lei', [...] é em primeira linha destinada ao legislador, estabelecendo uma proibição de tratamentos diferenciados" (p. 527). Já a segunda, ensina: "A atribuição de um sentido material à igualdade, que não deixou de ser (também) uma igualdade de todos perante a lei, foi uma reação precisamente à percepção de que a igualdade formal não afastava, por si só, situações de injustiça" (Idem). Por sua vez, na terceira, tem-se: "A igualdade em sentido material [...] significa proibição de tratamento arbitrário, ou seja, a vedação da utilização, para o efeito de estabelecer as relações de igualdade e desigualdade, de critérios intrinsecamente injustos, de tal sorte que a igualdade, já agora na segunda fase de sua compreensão na esfera jurídico-constitucional, opera como exigência de critérios razoáveis e justos para tratamento desigual" (p. 527-528). Por fim: "A compreensão material de igualdade, por sua vez, na terceira fase que caracteriza a evolução do princípio no âmbito do constitucionalismo moderno, para um dever de compensação das desigualdades sociais, econômicas ou culturais, portanto, para o que se conveciona chamar de uma igualdade social ou de fato" (p. 528).

(81) A respeito dessa questão, é possível vê-la discutida por Norberto Bobbio, com destaque para o capítulo 6, em *Direita e esquerda*: razões e significados de uma distinção política (2. ed. Tradução de Marco Aurélio Nogueira. São Paulo: Editora Unesp, 2001)

Não serviria, por exemplo, a concepção original de justiça distributiva, que é de Aristóteles, em *Ética a nicomacos*[82]. Ela (a justiça distributiva), segundo Aristóteles, é uma das espécies de justiça em sentido estrito, ao lado da justiça corretiva[83].

Para o autor, a justiça distributiva

> [...] é a que se manifesta na distribuição de funções elevadas de governo, ou de dinheiro, ou das outras coisas que devem ser divididas entre os cidadãos que compartilham dos benefícios outorgados pela constituição da cidade, pois em tais coisas uma pessoa pode ter uma participação desigual ou igual à outra pessoa[84].

Observo que, para Aristóteles, a justiça distributiva estava relacionada à ideia de mérito e não continha o caráter de obrigatoriedade na distribuição dos bens e oportunidades. Isso fica claro na seguinte passagem:

> [...] todas as pessoas concordam em que o que é justo em termos de distribuição deve sê-lo de acordo com o mérito em certo sentido, embora nem todos indiquem a mesma espécie de mérito; os democratas identificam a circunstância de que a distribuição deve ser de acordo com a condição de homem livre, os adeptos da oligarquia com a riqueza (ou nobreza de nascimento), e os adeptos da aristocracia com a excelência.[85]

Isso é acentuado por Ricardo Castilho, que, falando da justiça distributiva aristotélica, afirma que ela será observada, "sempre que a proporção entre as valias dos sujeitos para o todo social forem exatamente reproduzidas nas quantidades de coisas, direitos ou encargos outorgados a cada qual"[86].

Segundo Fleischacker, a concepção de justiça distributiva vai mudar a partir das ideias de um conjunto de autores: Rousseau, Adam Smith e Kant, ideias essas sempre relacionadas à ajuda aos pobres[87].

---

(82) *Ética a Nicômacos*. 3. ed. Tradução de Mário da Gama Kury. Brasília: Editora Universidade de Brasília, 2001.

(83) A justiça corretiva, de que não vou me ocupar neste texto, para Aristóteles era a que desempenhava "uma função corretiva nas relações entre as pessoas", subdividindo-se em voluntária, como a compra e venda, e a involuntária, como o furto e o homicídio (obra citada, p. 95).

(84) *Idem*.

(85) *Ibidem*, p. 96.

(86) *Justiça social e distributiva*: desafios para concretizar direitos sociais. São Paulo: Saraiva, 2009. p. 22.

(87) Para quem tiver interesse, é possível ver a discussão completa com Samuel Fleischacker (*Uma breve história da justiça distributiva*. Tradução de Álvaro de Vita. São Paulo: Martins Fontes, 2006), ou, de forma mais resumida, no meu *Ações afirmativas* (3. ed. São Paulo: LTr, 2014).

A concepção contemporânea, todavia, vai ser firmada a partir da teoria da justiça desenvolvida por John Rawls, chamada de Justiça como equidade.

Não que ela seja hegemônica, pois é possível ver, por exemplo, no Brasil, algumas variações – penso que em prejuízo da própria concepção – a partir de ideias utilitaristas e, nos últimos tempos, influenciada pelo que se pode denominar de *ideal nivelador da igualdade*.

Essas variações apresentam, ressalto desde logo, dois problemas: excluem uma parcela da população, e/ou nivelam por baixo a concessão dos direitos. Em qualquer caso, não atentam para as particularidades individuais.

Por isso minha opção pela concepção de Rawls, pois, como leio a teoria da justiça como equidade, e, nesta, a noção do autor de justiça distributiva, não só se justifica a concessão dos direitos indispensáveis das pessoas: os Direitos Humanos, mas, na proporção do que for necessário para que cada pessoa tenha o direito assegurado, respeitadas suas particularidades. Assim, nem há exclusão, nem nivelamento, que é sempre feito em patamar que não atende a todos.

Finalizando o item e o capítulo, cabe repetir que, sem esses pressupostos: respeito à dignidade, mesmo valor para liberdade e igualdade, e concessão dos direitos a partir de um modelo de justiça distributiva, entendo, não se pode ter uma ideia completa de Direitos Humanos, devendo ser observado que eles influenciam não só no reconhecimento desse conjunto, mas, também em sua realização.

É que, tratando especificamente da realização, é preciso entender que esta somente ocorre se houver um ambiente propício para que os direitos possam ser concretizados, ou seja, em um ambiente em que possam estar presentes as condições materiais dos Direitos Humanos[88] e, esse ambiente, penso, existe quando observados os três pressupostos acima indicados, sob o suporte da única concepção de justiça que sustenta uma ideia completa de Direitos Humanos, que é a que advém do liberalismo de princípios.

---

(88) Quando se fala em Direitos Humanos, entre diversas divisões e classificações que podem ser feitas, uma delas é a que considera que eles existem em tríplice dimensão – não a divisão que foi vista no Capítulo 2, em direito de liberdade, de igualdade, e de fraternidade, mas outra, como será agora visto. Essas dimensões, segundo Angel Rafael Marino Castellanos e Suzana María da Gloria Terruró, são: o reconhecimento no ordenamento jurídico; a criação das condições materiais que propiciem sua realização; e a existência de um sistema de garantias que assegurem a proteção e a tutela dos direitos (La triple dimensión de los derechos humanos. In: BOUCAULT, Carlos Eduardo de Abreu; ARAUJO, Nadia (Orgs.). *Os direitos humanos e o direito internacional*. Rio de Janeiro: Renovar, 1999. p. 180-189). Essa divisão, de forma simplificada, indica que os Direitos Humanos têm uma dimensão formal, que é a dimensão dos direitos; uma dimensão material, que se representa pelas condições para a realização dos direitos; e uma dimensão procedimental, que se constitui das garantias.

5

Características dos Direitos Humanos

Neste capítulo, meu objetivo é apresentar e discutir as principais características dos Direitos Humanos. Registro, desde logo, que começarei com a que julgo ser a mais importante delas, a universalidade.

É que, quando penso nas características, penso nesse conjunto por dois motivos. O primeiro está relacionado a características que são próprias do conjunto que se denomina de Direitos Humanos. Como será visto, a universalidade deve ser considerada uma característica do conjunto de direitos em discussão por essa razão, porque ela dá sentido à ideia de Direitos Humanos, ou seja, a universalidade faz parte da própria concepção de Direitos Humanos, sendo uma característica mais que natural.

É possível também pensar nas características como algo que é importante para o elemento que se quer explicar, no caso os Direitos Humanos. Essas características, então, refletem a concepção teórica – e, em certos casos, normativa – que se entende mais apropriada, servindo como fonte para o seu fortalecimento, não obstante também possam ser apreendidas dos próprios Direitos Humanos. É o caso, por exemplo, da superioridade normativa, que embora seja, de início, uma construção teórica e também normativa, não se pode negar que seja também uma consequência do reconhecimento da importância superior às demais normas que as de Direitos Humanos possuem.

Por isso, depois de explicar a universalidade, passarei a um novo item, em que apresentarei, de forma mais sucinta, as outras características dos Direitos Humanos que julgo devem ter proeminência.

Antes, porém, é preciso registrar que não há, exatamente, uniformidade entre os autores a respeito de quais são as características dos Direitos Humanos, não obstante algumas sejam recorrentes.

Almir de Oliveira, louvando-se em Hübner Gallo, indica que os Direitos Humanos caracterizam-se como: inatos ou congênitos, universais, absolutos, necessários, inalienáveis, invioláveis e imprescritíveis[1].

Alexandre de Moraes, por sua vez, apresenta como características do que denomina, como visto no Capítulo II, de direitos humanos fundamentais, as seguintes: imprescritibilidade, inalienabilidade, irrenunciabilidade, inviolabilidade, universalidade, efetividade, interdependência e complementariedade[2].

Já André de Carvalho Ramos dedica toda a Parte 2 de seu livro *Teoria geral dos direitos humanos na ordem internacional* às características dos Direitos Humanos, listando: superioridade normativa, universalidade, indivisibilidade, interdependência, indisponibilidade, caráter *erga omnes*, exigibilidade, abertura, aplicabilidade imediata, dimensão objetiva, proibição do retrocesso e eficácia horizontal[3].

Por fim, Clarence Dias, não com o propósito de apresentar quais são as características, na perspectiva didática dos autores anteriores, mas sim de reafirmar uma tendência existente no plano internacional em relação a determinados termos, menciona: a universalidade, a indivisibilidade, a interdependência e a inter-relacionabilidade dos Direitos Humanos[4].

Não vou discutir todas as características indicadas por esses autores, mas, somente, as que me parecem mais relevantes para um estudo a respeito de Direitos Humanos, ficando como sugestão, para maior conhecimento, a leitura dos livros retro indicados.

Assim, como dito ao início, vou me concentrar, primeiro, na universalidade, pela sua máxima importância e, depois, vou apresentar em conjunto, no mesmo item, as características da Superioridade normativa, da indivisibilidade, da interdependência, da indisponibilidade e da exigibilidade.

5.1. UNIVERSALIDADE

A mais importante característica dos Direitos Humanos, porque, como será visto, capaz de dar formato à sua própria concepção (dos Direitos Humanos), é a universalidade. É que só se pode sustentar ideia global de Direitos Humanos caso

---

(1) *Curso de direitos humanos*. Rio de Janeiro: Forense, 2000. p. 58-59.
(2) *Direitos humanos fundamentais*. São Paulo: Atlas, 2000. p. 41.
(3) *Teoria geral dos direitos humanos na ordem internacional*. Rio de Janeiro: Renovar, 2005. p. 163-255.
(4) Indivisibilidade. In: PINHEIRO, Paulo Sérgio e GUIMARÃES, Samuel Pinheiro (Org.). *Direitos humanos no século XXI*. Brasília: IPRI; Senado Federal, 2002. p. 75.

se entenda possível a concepção de que existem direitos que devem ser respeitados por todos os Estados, por todos os povos, em todos os lugares[5].

Para isso, pode-se iniciar com a Declaração Universal dos Direitos Humanos, texto básico da matéria. A Declaração, aprovada em 10 de dezembro de 1948, em Paris-França, pela Assembleia Geral das Nações Unidas, deve ser considerada o mais importante instrumento internacional a respeito dos Direitos Humanos. Segundo José Gregori, muito embora a Declaração tenha sido precedida por outras cartas de direitos, foi ela "o primeiro documento que estabeleceu um ideal comum a ser atingido por todos os povos e nações"[6].

Ela, apesar de ser, nas palavras de Comparato, tecnicamente "uma *recomendação* que a Assembleia Geral das Nações Unidas faz aos seus membros", não é destituída de força vinculante, visto que "[r]econhece-se hoje, em toda parte, que a vigência dos direitos humanos independe de sua declaração em constituições, leis e tratados internacionais, exatamente porque se está diante de exigências de respeito à dignidade humana, exercidas contra todos os poderes estabelecidos, oficiais ou não"[7].

Dessa afirmação, a propósito, pode-se extrair a ideia que foi referida acima e que a Declaração expressa de forma clara: a universalidade dos Direitos Humanos. O Preâmbulo da Declaração traz essa noção, ao afirmar, em um dos considerandos, que: "os Estados-Membros se comprometem a promover, em cooperação com as Nações Unidas, o respeito universal aos direitos e liberdades fundamentais do homem e a observância desses direitos e liberdades". No mesmo sentido, os artigos XXVIII e XXX[8].

Conforme André Franco Montoro, as teorias do positivismo jurídico, prevalecentes a partir do final do século XIX, segundo as quais só seria Direito o que fosse, em outras palavras, reconhecido pelo Poder, consagrando o formalismo jurídico, foram desfeitas a partir da experiência das guerras mundiais e das atrocidades nelas cometidas, dando-se, pode-se dizer, maior espaço à ética e a direitos reconhecidamente do homem e acima do poder estatal. Nessa linha de raciocínio, o autor, tratando da Declaração Universal, ensina que:

> Na base da Declaração Universal, há um duplo reconhecimento: Primeiro, que acima das leis emanadas do poder dominante há uma lei maior de

---

(5) Segundo Antonio-Henrique Pérez-Luño, "resulta evidente que sólo a partir del momento en el que pueden postularse derechos de todas las personas es posible hablar de derechos humanos" (*La tercera generación de derechos humanos*. Navarra – España: Editorial Aranzadi, 2006. p. 207).

(6) A declaração universal e a cultura dos direitos humanos. In: MARCÍLIO, Maria Luiza e outro (Coords.). *Cultura dos direitos humanos*. São Paulo: LTr, 1998. p. 37.

(7) *A afirmação histórica dos direitos humanos*. São Paulo: Saraiva, 1999. p. 209-210.

(8) Para Antonio-Henrique Pérez Luño, o caráter da universalidade adjetiva e define a Declaração Universal dos Direitos Humanos (*La tercera generación de derechos humanos*. Navarra – España: Editorial Aranzadi, 2006. p. 206).

natureza ética e validade universal. Segundo, que o fundamento dessa lei é o respeito à dignidade da pessoa humana. Que a pessoa humana é o valor fundamental da ordem jurídica. É a fonte das fontes do Direito[9].

A respeito dessa universalidade, afirma Flávia Piovesan que ela é a marca da concepção contemporânea de Direitos Humanos, o que seria demarcado pela Declaração. Afirma a autora:

> Seja por fixar a ideia de que os direitos humanos são universais, inerentes à condição de pessoa e não relativos às peculiaridades sociais e culturais de determinada sociedade, seja por incluir em seu elenco não só direitos civis e políticos, mas também direitos sociais, econômicos e culturais, a Declaração de 1948 demarca a concepção contemporânea dos direitos humanos[10].

No mesmo sentido Norberto Bobbio, para quem "somente depois da Declaração Universal é que podemos ter a certeza histórica de que a humanidade – toda a humanidade – partilha alguns valores comuns". O autor, todavia, deve ser ressaltado, dá a esse entendimento o significado de crença historicamente legítima, indicando ser a universalidade não algo objetivo, mas sim "subjetivamente acolhido pelo universo dos homens"[11].

Ainda a respeito do reconhecimento da universalidade dos Direitos Humanos, cumpre observar que essa característica é acentuada de forma expressa no primeiro artigo da Declaração e Programa de Ação de Viena, de 1993, a propósito da Segunda Conferência Mundial de Direitos Humanos. O artigo dispõe:

> 1. A Conferência Mundial sobre Direitos Humanos reafirma o compromisso solene de todos os Estados de promover o respeito universal e a observância e proteção de todos os direitos humanos e liberdades fundamentais de todas as pessoas, em conformidade com Carta das Nações Unidas, outros instrumentos relacionados aos direitos humanos e o direito internacional. A natureza universal desses direitos e liberdades está fora de questão[12].

A universalidade dos Direitos Humanos, entretanto, não é uma unanimidade, como será visto adiante, pois há correntes e teorias que a negam, estabelecendo o

---

(9) Cultura dos direitos humanos. In: MARCÍLIO, Maria Luiza e outro (Coords.). *Cultura dos direitos humanos*. São Paulo: LTr, 1998. p. 15-16, estando a citação literal na pagina 16.

(10) A Constituição brasileira de 1988 e os tratados internacionais de proteção dos direitos humanos. In: MARCÍLIO, Maria Luiza e outro (Coords.). *Cultura dos direitos humanos*. São Paulo: LTr, 1998. p. 139.

(11) *A era dos direitos*. 16ª tiragem. Rio de Janeiro: Campus, 1992. p. 28.

(12) Disponível em: <http://www.pge.sp.gov.br/centrodeestudos/bibliotecavirtual/instrumentos/viena.htm>. Acesso em: 28 maio 2014. Ver mais, a respeito, em *Teoria geral dos direitos humanos na ordem internacional*, de André de Carvalho Ramos (Rio de Janeiro: Renovar, 2005. p. 180-181).

que tenho denominado de falso dilema: são os Direitos Humanos universais, ou não? É um falso dilema porque se denomina Direitos Humanos para significar que são de todos os seres humanos e, por isso, a universalidade é uma característica natural. Negar essa característica é negar exatamente a ideia que ela (a universalidade) sustenta. Mas isso acontece.

Começo com o que se denomina "relativismo cultural", concepção segundo a qual a diversidade de culturas determinaria a impossibilidade de se ter uma ordem mundial a respeito desse conjunto mínimo que se denomina Direitos Humanos.

Mario Rodrigues Cobos, a respeito da questão, afirma:

> Existem diversas concepções de ser humano, e esta variedade de pontos de vista, amiúde, tem por base as distintas culturas desde as quais se observa a realidade. O que estamos propondo afeta globalmente a questão dos direitos humanos. Com efeito, frente à ideia de um ser humano universal com os mesmos direitos e com as mesmas funções em todas as sociedades, hoje se levanta a tese "cultural", que defende uma postura diferente sobre estes temas[13].

Não que o autor não reconheça a possibilidade do que denomina "estrutura humana comum", o que, segundo ele, não seria invalidado pela existência de realidades culturais diversas[14].

Amartya Sen, por outro lado, referindo-se ao que ele mesmo denomina *crítica cultural*, trata da linha do ceticismo, que, ao considerar os Direitos Humanos no plano da ética social, e, por isso, dependente de éticas aceitáveis, questiona se tais éticas são, realmente, universais. Indica ainda o autor que "Talvez a mais destacada dentre elas se fundamente na ideia do alegado ceticismo dos valores asiáticos quanto aos direitos humanos"[15].

De minha parte, acredito na necessidade de ter uma ordem mundial a respeito de Direitos Humanos, com determinados direitos e valores sendo de observância obrigatória em qualquer lugar do globo, sendo tais direitos, como visto no Capítulo 3, decorrentes da necessidade de preservar a dignidade da pessoa humana.

Há uma ordem internacional para os Direitos Humanos, isso é um fato e uma necessidade. Ela deve ser estabelecida em cima de uma pauta mínima, que possa ser tida efetivamente como universal, e necessária à preservação da dignidade da pessoa humana, que é a base, entendo, da construção de qualquer pensamento a

---

(13) O que acontece hoje com os direitos humanos? In: MARCÍLIO, Maria Luiza e outro (Coords.). *Cultura dos direitos humanos*. São Paulo: LTr, 1998. p. 188-189.

(14) *Ibidem*, p. 191.

(15) *Desenvolvimento como liberdade*. Tradução Laura Teixeira Motta. 3. reimpressão. São Paulo: Companhia das Letras, 2000. p. 263.

respeito de Direitos Humanos. Essa ordem, todavia, já adianto, embora vá voltar a essa questão, deve ser, em certos aspectos, dotada de flexibilidade suficiente para respeitar a adoção, em culturas distintas, de modos distintos de viabilizar direitos, embora não para negá-los.

Da mesma forma, não se deve tentar utilizar a universalidade para impor costumes e valores de países dominantes, política ou economicamente. A universalidade é para direitos considerados indispensáveis a todos os seres humanos, assim reconhecidos pela comunidade de nações.

É como pensa Pérez Luño, que afirma:

> Hay que convenir que en nombre de la universalidad no se puede imponer coactivamente un modelo político cultural eurocéntrico a países que cuentan con instituciones culturales y políticas proprias heredadas de una tradición que responde a exigencias de racionalidad y que, por tanto, no representa formas, más o menos encubiertas, de dictaturas o tiranias[16].

Há ainda outro embate a respeito da universalidade dos Direitos Humanos, e que se trava no interior da Filosofia Política, com a corrente denominada de comunitarismo.

Descarto o comunitarismo, todavia, por pelo menos uma razão, e que entendo suficiente para seu abandono como teoria-base das ideias que pretendo sustentar, embora, por outro lado, não se deva descartar algumas conclusões positivas que essa corrente pode apresentar.

E essa razão é exatamente a rejeição à ideia da universalidade[17].

Para Roberto Gargarella, o comunitarismo caracteriza-se como uma corrente que surgiu na década de 1980, no século passado, desenvolvendo intensa polêmica com o liberalismo, especialmente com o liberalismo igualitário, reproduzindo, de certa forma, a polêmica entre Kant e Hegel, em que o primeiro pugnava por direitos e obrigações de caráter universal e o último dava prevalência às decorrentes do pertencimento das pessoas a determinada comunidade[18].

---

(16) *La tercera generación de derechos humanos*. Navarra – España: Editorial Aranzadi, 2006. p. 218.

(17) Como podemos ver com Gisele Cittadino, Michael Walzer (um dos comunitaristas mais conhecidos) até reconhece um princípio universal, que seria "a obrigatoriedade do reconhecimento da diferença", pelo que o reconhecimento seria universal, embora o reconhecido fosse local e particular (*Pluralismo, direito e justiça distributiva*: elementos de filosofia constitucional contemporânea. 4 ed. Rio de Janeiro: Lumen Juris, 2009. p. 88).

(18) *As teorias da justiça depois de Rawls*: um breve manual de filosofia política. Tradução de Alonso Reis Freire. São Paulo: WMF Martins Fontes, 2008. p. 137. O comunitarismo, é preciso observar, ao menos como o defende Michael Walzer, não se pretende um modelo que deva ser visto como fora das democracias liberais, mas, em certa medida, um modelo que propõe correções e ajustes no liberalismo.

Essa prevalência dos valores locais – característica, também, do relativismo – sobre valores universais, penso, em primeiro lugar, recusa consistência à ideia de um conjunto de valores e direitos protetivos dos indivíduos em qualquer circunstância, em qualquer lugar do planeta, ou pelo menos os subordina, de forma rígida, ao seu reconhecimento no plano da comunidade. Isso solapa a concepção de Direitos Humanos e, em minha visão, é inaceitável no atual estágio de desenvolvimento e integração da humanidade. Se já há dificuldades, atualmente, para sustentar, no plano prático, o ideal de todo ser humano ter, em todo o mundo, um mínimo de direitos, oponíveis contra todos, principalmente contra o Estado, imagine-se quantas mais não seriam criadas com o sucesso da tese comunitarista.

Isso, ainda para Gargarella, altera até o conteúdo da justiça, que deixa de se basear "em princípios universais, abstratos, a-históricos", passando a se limitar às práticas comuns, com cada comunidade definindo como avaliar os bens sociais, o que repercute na distribuição de direitos[19].

A respeito do comunitarismo, em relação aos Direitos Humanos e à universalidade destes, afirma Pérez Luño:

> En el seno de este movimiento se asistiria a um desplazamiento de los derechos universales hacia unos derechos contextualizados, en función del carácter histórico y culturalmente condicionado de los valores que los informán. El comunitarismo se opone a una visión abstracta, ideal y desarraigada de los derechos y liberdades, tal como, según sus partidários, habrián sido forjados en la modernidad[20].

Michael Walzer, como visto em nota, um comunitarista, por exemplo, diz o seguinte: "[...]quero defender [...] que os princípios de justiça são pluralistas na forma; que os diversos bens sociais devem ser distribuídos por motivos, segundo normas e por agentes diversos; e que toda essa diversidade provém das interpretações variadas dos próprios bens sociais – o inevitável produto do particularismo histórico e social"[21].

Isso fica claro quando esse autor diz, primeiro, que "[a] democracia liberal é o governo da maioria sem seus perigos – com as minorias resguardadas e os direitos humanos garantidos", e, depois, que sua intenção, ao menos no livro aqui citado, foi "[...] propor algumas das maneiras pelas quais o liberalismo poderia abranger melhor um entendimento da política, da sociologia e da psicologia social" (*Política e paixão*: rumo a um liberalismo mais igualitário. Tradução de Patrícia de Freitas Ribeiro. São Paulo: WMF Martins fontes, 2008. p. IX-XI).

(19) *As teorias da justiça depois de Rawls*: um breve manual de filosofia política. Tradução de Alonso Reis Freire. São Paulo: WMF Martins Fontes, 2008. p.150-151.

(20) *La tercera generación de derechos humanos*. Navarra – España: Editorial Aranzadi, 2006. p. 211.

(21) *Esferas da justiça*: uma defesa do pluralismo e da igualdade. Tradução de Jussara Simões. São Paulo: Martins Fontes, 2003. p. 5.

Nesse sentido, para o comunitarismo, considerando que o saber local é preponderante, determinadas normas, de toda a sociedade, ou de grupos em seu interior, findam por ser validadas, ainda que em dissonância com práticas tidas como necessárias para o respeito da dignidade humana.

É o que se verifica, por exemplo, quando Charles Taylor defende que, em uma sociedade como Québec, pode haver restrições às liberdades individuais para a defesa da língua e cultura francesas[22].

Da mesma forma, quando Michael Walzer, falando dos grupos que compõem o que denomina associações involuntárias, quando de características totalizantes (leia-se não democráticas), apresenta argumentos para que sejam eles tolerados e, ao menos implicitamente, os aceita. Diz Walzer, em longa, mas que merece ser reproduzida na íntegra, digressão:

> Embora esses grupos possam ser internamente democráticos ou não (geralmente são dominados por patriarcas), eles são evidentemente contrários, hostis aos valores do Estado democrático cuja tolerância buscam. É improvável também que um Estado desse tipo ou seu regime de tolerância sobrevivessem se um único grupo totalizante se tornasse dominante demograficamente. Entretanto, há um forte argumento a favor de tolerar tais grupos e até mesmo a favor de fortalecê-los e dar algum apoio (qualificado e condicional) à sua reprodução cultural. É o argumento do multiculturalismo, e o que ele sustenta é que, em primeiro lugar, os seres humanos precisam do apoio e do cuidado de uma comunidade cultural para ter uma vida digna; em segundo lugar, que as comunidades culturais são entidades altamente complexas, criadas ao longo de muitas gerações, com o esforço e a dedicação de muitas pessoas; em terceiro lugar, que, embora os homens e as mulheres não escolham suas comunidades, eles são, não obstante, muito apegados a elas, moralmente e emocionalmente; em quarto lugar, que as diferentes comunidades encarnam valores que não podem ser ordenados numa escala única (o que não quer dizer que suas práticas e políticas não podem ser criticadas). Não apresentarei nenhuma defesa implícita dessas quatro alegações, embora as estivesse defendendo implicitamente na abertura de minha discussão sobre as associações involuntárias [...] e o esteja fazendo novamente aqui[23].

---

(22) *Argumentos filosóficos* (Tradução de Adail Ubirajara Sobral. São Paulo: Edições Loyola, 2000. p. 220). Nesse caso, o que se tem aqui é o oposto da tese liberal igualitária que, como visto, esposo, pois defende-se a prioridade do bem sobre o justo. Impõe-se, a propósito, uma valoração ao que é e ao que não é, na visão do Estado, a conduta mais adequada, em oposição ao que explica Álvaro de Vita ser uma das duas teses fundamentais do liberalismo: "[o] estado deve ser neutro no que se refere às concepções de boa vida a que os cidadãos devotem lealdade e que se empenhem em realizar" (*Justiça liberal*. Rio de Janeiro: Paz e Terra, 1993. p. 12).

(23) *Política e paixão*: rumo a um liberalismo mais igualitário. Tradução de Patrícia de Freitas Ribeiro. São Paulo: WMF Martins Fontes, 2008. p. 79-80.

Embora eu não pretenda avançar, aqui, nesse aspecto específico da afirmação, parece-me que Walzer, nesse ponto, escolhe mal o multiculturalismo para justificar sua defesa de associações totalizantes, pois não acredito que respeitar a diversidade das culturas e reconhecer a necessidade de apoio aos diferentes grupos signifique aceitar práticas não democráticas e violadoras dos direitos dos indivíduos e de outros grupos. Isso é consequência, também, da não aceitação de valores universais como necessários à proteção de todos os seres humanos.

De outra banda, Walzer, em alguns casos, vê justiça onde claramente há o contrário. É o que acontece quando fala do sistema de castas indiano, em que parece haver, pelo autor, uma defesa da validade de um sistema que é hierárquico, excludente e contrário à igualdade que deve haver entre os indivíduos[24].

Parece haver e há, pois, como explica Cittadino a respeito do pensamento desse autor, "[...]culturas distintas elaboram significados diversos acerca de seus bens sociais e os distribuem através de distintos princípios e agentes. Pode-se, segundo Walzer, designar como justa a sociedade que distribui os seus bens de acordo com essas significações compartilhadas"[25].

Dworkin, a respeito, e tratando especificamente de um sistema de castas, afirma, negando de forma expressa um sistema desse tipo, o seguinte: "[...]um sistema político não-igualitário não se torna justo simplesmente porque todos acreditam equivocadamente que é justo"[26].

É o que penso, pois não me parece que determinadas práticas devam ser aceitas apenas porque uma comunidade as adota, caso não estejam em condições de respeitar os valores e os direitos fundamentais da pessoa humana.

Mas não param aqui as críticas à universalidade. Ela é feita, ainda, por Joaquín Herrera Flores, a partir da denominada Teoria Crítica dos Direitos Humanos.

Ele, por exemplo, critica a ideia de que só se pode falar de Direitos Humanos a partir da universalidade, indicando que "existem múltiplos e diferentes caminhos de dignidade"[27].

Afirma, ainda, que, a universalidade é proveniente "de um pequeno rincão do mundo e de um pequeno número de pensadores", e que ela é coincidente com

---

(24) *Esferas da justiça*: uma defesa do pluralismo e da igualdade. Tradução de Jussara Simões. São Paulo: Martins Fontes, 2003. p. 32-35.

(25) *Pluralismo, direito e justiça distributiva*: elementos de filosofia constitucional contemporânea. 4. ed. Rio de Janeiro: Lumen Juris, 2009. p. 123.

(26) *A virtude soberana*: a teoria e prática da igualdade. Tradução de Jussara Simões. São Paulo: Martins Fontes, 2005. p. 22.

(27) *Teoria crítica dos direitos humanos*: os direitos humanos como produtos culturais. Tradução e revisão de Luciana Caplan e outros. Rio de Janeiro: Lumen Juris, 2009. p. 54.

os interesses de agentes que deram início a "uma nova racionalidade econômica baseada na acumulação de capital"[28].

Propõe, então, o que chama de *relativismo relacional*, que consistiria "no reconhecimento da pluralidade e da multiplicidade de propostas e relações culturais"[29].

Por fim, caracteriza os Direitos Humanos como produtos culturais e se opõe ao que entende ser uma prioridade que se dá aos direitos individuais sobre os direitos sociais[30].

Embora respeitando o pensamento de Herrera Flores, seguramente um autor importante, ele, claramente, faz confusão em relação a alguns conceitos e situações, ao mesmo tempo em que não responde a questões que invalidam boa parte de sua argumentação.

Começando com a questão das múltiplas dignidades, é importante relembrar que essa ideia, como já foi exposto, é, no mínimo, perigosa, pois deixa para os padrões culturais a definição do que é digno ou não, com o risco real – como provam os diversos exemplos que são vistos, todos os dias, no mundo – de se considerar como dignas ações que são, salvo em um determinado espaço, tidas como abomináveis[31].

Por exemplo, há países que têm a dignidade em seu texto constitucional, mas em que as mulheres não podem dirigir suas próprias vidas, às vezes nem dirigir carros, ou ser tocadas, na mão que seja, por pessoas que não sejam da própria família[32].

E o que dizer da afirmação de que a universalidade é produto da concepção de um pedaço ínfimo do mundo e de alguns pensadores? Ora, a universalidade é a base da Declaração Universal dos Direitos Humanos e, por isso, da Organização das Nações Unidas, além de ser acolhida pela larga maioria da doutrina a respeito dos Direitos Humanos.

---

(28) *Teoria crítica dos direitos humanos*: os direitos humanos como produtos culturais. Tradução e revisão de Luciana Caplan e outros. Rio de Janeiro: Lumen Juris, 2009. p. 55.

(29) *Ibidem*, p. 58.

(30) *Ibidem*, p. 84-85 e 87.

(31) Pérez Luño, a respeito desse tipo de ação, especificamente falando do relativismo, mas com clara rejeição da defesa ao respeito, sem limites, dos diferentes padrões culturais, afirma: "La actitud más cómoda ante esos auténticos crímenes contra la humanidad es la de la inhibición en nombre del relativismo cultural" (*La tercera generación de derechos humanos*. Navarra – España: Editorial Aranzadi, 2006. p. 218).

(32) Ou, então, são condenadas à morte somente porque decidiram professar uma crença diversa, como é o caso, no Sudão, de Merian, mulher de 27 anos (Disponível em: <http://g1.globo.com/jornal-da-globo/noticia/2014/05/juiz-condena-mulher-morte-por-ela-deixar-religiao-muculmana-no-sudao.html>. Acesso em: 28 maio 2014). A condenação foi revertida, e Meriam foi libertada dia 23 de junho de 2014 (Disponível em: <http://blogs.odiario.com/inforgospel/2014/06/23/condenada-morte-crista-merian-yahya-e-libertada-sudao-assista/>. Acesso em: 24 jun. 2014).

Da mesma forma, não há como confundir os defensores dos Direitos Humanos com aqueles que defendem a acumulação desmedida do capital e seu objetivo maior, que é o lucro, ou com os que apostam na priorização dos direitos individuais, em detrimento dos direitos sociais. Na verdade, a concepção de Direitos Humanos a partir de uma ideia de justiça distributiva, como indiquei mais atrás, é o oposto disso, apenas não aposta no contrário, nessa oposição ingênua, saudosista e prejudicial entre liberdade e igualdade.

É que, para que haja, de fato, o respeito aos Direitos Humanos, é preciso que liberdade e igualdade tenham espaço e proteção, sendo ideias de igual valor, como visto no Capítulo 4.

Quanto ao reconhecimento da pluralidade, isso em nada é incompatível com a ideia de universalidade, como já foi dito e será revisto mais adiante. Não se pode é defender isso sem reservas, como se os povos pudessem definir como válidas práticas por todos condenadas e, apenas em respeito à cultura, todo o resto do mundo devesse respeitá-las como se fossem "Direitos Humanos".

De qualquer sorte, há formas de pensar uma posição intermediária entre o universalismo e o relativismo, o que se poderia aplicar, também, para o comunitarismo e para a teoria crítica.

Antes, todavia, é conveniente expor mais duas posições, antagônicas entre si, a respeito da temática que aqui estou discutindo.

Começo com Boaventura de Souza Santos, que propõe uma "concepção intercultural das políticas emancipatórias de direitos humanos", baseada em uma reconstrução que tem dois lados. O primeiro, "uma reconstrução intercultural por meio da tradução da hermenêutica diatópica, através da qual a rede de linguagens nativas mutuamente traduzíveis e inteligíveis da emancipação encontra o seu caminho para uma política cosmopolita insurgente". O segundo, "uma reconstrução pós-imperial dos direitos humanos centrada na desconstrução dos actos massivos de supressão constitutiva [...] com base nos quais a modernidade ocidental foi capaz de transformar os direitos dos vencedores em direitos universais"[33].

Observo que Boaventura de Souza Santos considera o debate entre universalismo e relativismo "intrinsecamente falso". Para ele, o universalismo, além de refletir somente uma posição hegemônica, deve ter contra si contraposta uma realidade de "universos culturais diferentes". Já contra o relativismo, que "enquanto posição filosófica, é incorrecto", deve-se "desenvolver critérios que permitam distinguir uma política progressista de uma política conservadora de direitos humanos", e por aí segue[34].

---

(33) Para uma concepção intercultural dos direitos humanos. In: SARMENTO, Daniel; IKAWA, Daniela; PIOVESAN, Flávia (Coord.). *Igualdade, diferença e direitos humanos*. Rio de Janeiro: Lumen Juris, 2008. p. 45.

(34) *Ibidem*, p. 17.

As ideias defendidas por esse autor, embora em primeiro momento pareçam voltadas para a posição correta, têm alguns problemas.

Primeiro, Boaventura de Souza Santos não consegue distinguir universalidade de hegemonia, com seu discurso assumindo uma postura ideológica que o deixa preso a uma questão que impede a leitura adequada. É que, longe de se pretender que a universalidade seja somente uma forma de impor um discurso hegemônico, em perspectiva também ideológica, o que se quer é que a universalidade seja uma garantia para todos os seres humanos, a partir de uma pauta mínima de direitos que sejam tidos como indispensáveis, essenciais. Essencialidade, então, e não hegemonia, é a palavra-chave para a ideia de universalidade.

Segundo, ao trabalhar com padrões culturais distintos, o autor opta, ainda, por dignidades distintas[35], o que relativiza uma noção que, como visto no Capítulo 3, é dotada, e precisa ser dotada, de estabilidade, sob pena de serem feitas diferenciações entre os seres humanos, aniquilando a própria noção de Direitos Humanos. Se, como quer o autor, a dignidade for apurada em cada cultura, então é melhor que se abandone a ideia de Direitos Humanos, deixando que cada povo, que cada grupo, com as consequências que se pode imaginar, determine o que é relevante proteger, ou não. Isso, a propósito, já foi dito mais acima, quando refutei idêntica visão de distintas dignidades, apresentada por Herrera Flores.

Terceiro, sem um padrão determinado, como separar, sem um viés ideológico, que é sempre questionável, ou, pelo menos refutável, o que é progressista do que é conservador? No fundo, mesmo criticando o relativismo, é isso que Boaventura de Souza Santos defende, apenas separando, de seu específico ponto de vista, o bem do mal.

Por fim, tentar contrapor diferentes padrões culturais ao universalismo, como se os primeiros não pudessem sobreviver em ambiente em que se reconhece o segundo, é desconhecer que essa convivência é possível, o que defendo todo o tempo neste item[36].

O outro autor, cujas ideias apoio, é Will Kymlika, para quem o multiculturalismo, em que se defende o respeito e a coexistência de padrões culturais distintos, emergiu dos próprios Direitos Humanos. Mais que isso, segundo o autor, e também de acordo com Tariq Modood, citado por Kymlika, o multiculturalismo deve ser considerado um filho do liberalismo igualitário, como também é conhecido o liberalismo de princípios, exposto e defendido no Capítulo 4, devendo ser

---

(35) Ver, na obra citada, por exemplo, a página 15.

(36) Ver, sob o aspecto normativo, a Convenção 169 da OIT. No Brasil, esta convenção foi aprovada pelo Congresso Nacional pelo Decreto Legislativo nº 143, de 20 de junho de 2002, e promulgada pelo Decreto n. 5.05, de 19 de abril de 2004. A versão oficial em português está Disponível em: <http://www.planalto.gov.br/ccivil_03/_ato2004-2006/2004/decreto/d5051.htm>. Acesso em: 29 maio 2014.

(o multiculturalismo) "tanto guiado quanto restringido por um compromisso de origem com os princípios da liberdade individual e da igualdade"[37].

Note-se que, para Kymlika, o multiculturalismo liberal tem uma função transformadora "das identidades e das práticas dos grupos minoritários", no sentido de que, ao mesmo tempo em que respeita as diferentes práticas culturais, vela para que os Direitos Humanos sejam respeitados[38].

Aproveito a fala desse autor para voltar à posição intermediária entre universalismo e relativismo, ou, melhor dizendo, a uma posição em que o universalismo é visto de forma mais flexível, respeitando as diferenças culturais – dentro de determinados limites, é claro, como visto ao longo deste capítulo. A esse respeito, propõe Luiz Eduardo Soares:

> Parece-me perfeitamente possível e desejável que os antropólogos defendam os direitos humanos tais como consagrados pelos documentos da ONU, mantendo-nos abertos, evidentemente, para postulações específicas de grupos sociais que critiquem determinados princípios, os quais teriam de ser objeto de discussão, em cada caso específico, respeitadas as especificidades de cada contexto, sendo inócua a procura de leis universais de validade ilimitada [...][39]

Isso se for entendida a fala desse autor como de respeito a pautas mínimas, com a defesa, somente, da flexibilização para atender a padrões culturais que não atingem direitos inalienáveis dos seres humanos. É que, se for ele lido nos moldes das teorias que foram criticadas anteriormente, estaria cometendo os mesmos erros já apontados.

De outro lado, Amartya Sen, depois de reconhecer a importância da universalidade, por exemplo, para o que chama de "valor soberano da liberdade", e de expor sua crença "no potencial das diferentes pessoas de diferentes culturas para compartilhar muitos valores e concordar com alguns comprometimentos comuns"[40], deixa clara a importância de se respeitar "a diversidade encontrada em diferentes culturas"[41].

Essas conclusões de Sen, a propósito, penso que servem bem para revelar que não há incompatibilidade entre pregar uma pauta mínima fundada na ideia

---

(37) Multiculturalismo cultural e direitos humanos. In: SARMENTO, Daniel; IKAWA, Daniela; PIOVESAN, Flávia (Coord.). *Igualdade, diferença e direitos humanos*. Rio de Janeiro: Lumen Juris, 2008. p. 218.

(38) *Ibidem*, p. 233.

(39) Algumas palavras sobre direitos humanos e antropologia. In: NOVAES, Regina. *Direitos humanos*: temas e perspectivas. Rio de Janeiro: Mauad, 2001. p. 25.

(40) *Desenvolvimento como liberdade*. Tradução Laura Teixeira Motta. 3. reimpressão. São Paulo: Companhia das Letras, 2000. p. 279.

(41) *Ibidem*, p. 282.

da universalidade e, ao mesmo tempo, respeitar as culturas, até onde elas não conflitam com os direitos básicos dos seres humanos, o que é a tônica do que venho defendendo.

Finalizando, e para fixar bem o que defendi neste capítulo, quero apresentar estudo que revela, penso, duas ideias: primeiro, que é natural que alguns fenômenos, institutos e instituições jurídicas sejam reconhecidos por todas as sociedades, o que seria um caminho para o reconhecimento de que é possível estabelecer uma pauta mínima de direitos que possam compor o conjunto que chamamos de Direitos Humanos e que reconheça a característica natural da universalidade, e longe da visão, às vezes esposada, a respeito do artificialismo desse conjunto. Segundo, que é possível, a partir dessa pauta mínima, estabelecer o respeito ao saber local, até onde ele não conflita com os direitos básicos de cada ser humano.

O estudo foi realizado por Bronislaw Malinowsky, que ofereceu para a Antropologia o desenvolvimento, à época, de um novo método de pesquisa de campo, conhecido como "observação participante". Esse método ele desenvolveu e pôs em prática nos estudos que realizou na nova Guiné, mais precisamente nas Ilhas Trobriand, a partir de 1915.

Os estudos realizados por Malinowsky a respeito dos trobriandeses geraram uma série de publicações, sendo uma delas, de 1926, *Crime e costume na Sociedade Selvagem*[42].

Esse texto, de quase cem anos atrás, a par do relato minucioso e fiel de um de alguns aspectos da cultura dos trobriandeses, pode servir de base, como outros, para uma reflexão a respeito do Direito e de sua parcela mais indispensável, os Direitos Humanos.

Nessa obra, ele identifica uma série de instituições e institutos que, embora não sob a marca da formalidade, ou melhor, da escrita, vão para além de normas que possam ser classificadas como simplesmente éticas ou religiosas, devendo ser classificadas como integrantes de um sistema jurídico próprio. É que essas normas, embora sua concepção e aplicação, em boa parte dos casos, possam ser vistas, também, em outros espaços (ético e religioso), são marcadamente jurídicas.

Algumas – revelando que há relações universais e atemporais – são idênticas, em substância, ao que existe em todas as sociedades, regulando o casamento, as relações de parentesco e o direito de herança; proibindo o incesto; protegendo a vida e a propriedade, entre outras.

Na forma, todavia, são diferentes. É que o Direito, especialmente o que regula interesses básicos, como os Direitos Humanos, embora possa – e deva, no que é indispensável para o ser humano – ser estabelecido de forma global, é uma

---

(42) Tradução de Maria Clara Corrêa Dias. Brasília: Editora Universidade de Brasília; São Paulo: Imprensa Oficial do Estado, 2003.

construção humana em que o saber local tem importância[43], e isso significa que o mesmo fenômeno, desde que respeitada sua substância, pode ser regulado em diferentes formatos.

É que, não há como negar, o Direito é forjado, qualquer que seja o povo, principalmente a partir das experiências desse povo, adaptando-se às suas necessidades e às suas crenças, ou seja, é parte da cultura. Ainda assim, voltando ao ponto acima indicado, é possível identificar elementos comuns em todas as culturas e em todos os tempos.

Isso revela que é possível reconhecer uma base universal mínima para o Direito, a partir de pontos de contato, e que identifiquem um conjunto de normas criadoras de direitos e obrigações.

Também é possível, penso, resolver o problema que tem alimentado discussões e motiva este item e que parte do reconhecimento, de um lado, e da negação, de outro, da universalidade dos Direitos Humanos.

De fato, como visto, um dos argumentos mais utilizados para negar a universalidade dos Direitos Humanos e, portanto, sua própria existência[44], é o reconhecimento do caráter local do Direito, subordinado às diferentes culturas dos povos. É como se não se pudesse pensar no Direito sem ser como expressão local, e isso conduzisse a uma diversidade incapaz de gerar a unidade.

Ora, a leitura da obra de Malinowsky revela instituições e institutos jurídicos de todos conhecidos e que, ao lado de existirem, em uma perspectiva pelo menos geográfica, nas distantes Ilhas Trobriand, na Nova Guiné, também existem entre nós e, pode-se dizer, em todos os povos e culturas.

Há, então, diversidade, mas, também, unidade, se não em forma, ao menos em substância. Essa base comum permite pensar na universalidade do Direito e na possibilidade de se ter os Direitos Humanos reconhecidos e aplicados para todos os seres humanos, mesmo se pertencentes a povos distintos e, portanto, com culturas diversas.

Essa base comum, todavia, só é aplicada com naturalidade quando se respeitam as diferenças locais, que, por outro lado, não devem servir para negar os direitos básicos dos seres humanos, mas somente para ajustar o formato de sua aplicação, em consonância com a cultura do lugar.

Explicando um pouco mais, acredito que é preciso pensar nos Direitos Humanos como um conjunto mínimo de direitos reconhecidos como próprios de todos os

---

(43) Ver, a respeito do saber local, o estudo desenvolvido por Clifford Geertz (*O saber local*: novos ensaios em antropologia interpretativa. 8 ed. Tradução de Vera Mello Joscelyne. Petrópolis – Rio de Janeiro: Vozes, 1997).

(44) De forma bem simples, repetindo argumento já apresentado neste texto, caso não sejam universais, não há que se falar em Direitos Humanos, ou direitos de todo ser humano.

seres humanos, mas não necessariamente aplicados da mesma forma em todos os lugares, rigidamente, e sim com um mínimo de flexibilidade que permita sua mais fácil assimilação – não, repito mais uma vez, sua negação.

Pelo contrário, não há maiores problemas em adaptá-los ao saber local, sacrificando, em parte, uma forma principalmente definida pelo modo ocidental de viver, mas preservando sua substância, sem prejuízo dos valores que se pretende reconhecer e defender. O que não se pode é, como querem alguns autores acima indicados, negar a necessidade de se ter uma pauta mínima de direitos em favor de todos os seres humanos, pois essa é uma conquista que não deve ser negada, pela sua importância para as relações humanas e para diminuir práticas que não respeitam as pessoas.

E mais: não se pode pretender utilizar uma expressão que é indicativa de um conjunto definido: direitos de todos os seres humanos, para outros fins, gerando confusão que não se justifica. Melhor, nesses casos, que se use outra denominação mais apropriada para o caso concreto: direitos fundamentais de determinada sociedade ou outra, mas não a que tem a intenção de significar um direito de todos os seres humanos, em qualquer lugar do planeta[45].

5.2. SUPERIORIDADE NORMATIVA, INDIVISIBILIDADE, INTERDEPENDÊNCIA, INDISPONIBILIDADE E EXIGIBILIDADE

Como disse no início do capítulo, vou me concentrar, nesse item, em características que me parecem importantes para o estudo que aqui desenvolvo. Algumas dessas características, já adianto, serão apresentadas de forma mais singela, considerando que discutidas, ainda que no bojo de outras questões, em diversas partes deste estudo.

O que quero neste item, dessa feita, é fixar algumas ideias básicas, permitindo ao leitor compreender as características, e qual sua importância para a temática dos Direitos Humanos. Registro, por oportuno, que algumas características dos Direitos Humanos, por vezes, confundem-se em parte, com outras, o que me permitirá discutir um pouco mais do que o título do item, em princípio, indica.

Começo com a superioridade normativa, que é uma característica importante para a ideia de Direitos Humanos, e para o que esse conjunto deve representar para as pessoas.

---

(45) É como conclui Pérez Luño, que diz: "los derechos humanos o son universales o no son. No son derechos humanos, podrán ser derechos de grupos, de entidades o de determinadas personas, pero no derechos que se atribuyan a la humanidad en su conjunto. La exigencia de universalidad, en definitiva, es una condición necesaria y indispensable para el reconocimiento de unos derechos inherentes a todos los seres humanos, más allá de cualquier exclusión y más allá de cualquier discriminación" (*La tercera generación de derechos humanos*. Navarra – España: Editorial Aranzadi, 2006. p. 223-224).

É que, considerando que os Direitos Humanos, como defendi no Capítulo 3, constituem o conjunto de direitos indispensáveis para que se garanta a dignidade da pessoa humana, é importante que sejam vistos como tendo superioridade em relação às demais normas.

A esse respeito, André de Carvalho Ramos sustenta a superioridade normativa em duas frentes, dizendo que, no plano interno, "as normas de direitos humanos são, em geral, de estatura constitucional, o que as coloca como sendo de hierarquia superior às demais normas do ordenamento jurídico"[46].

Isso se forem considerados os Direitos Fundamentais, previstos no texto constuticional brasileiro, pois, caso se pense estritamente nos Direitos Humanos a situação é mais complexa.

É que, por entendimento do Supremo Tribunal Federal, os tratados e convenções internacionais sobre Direitos Humanos, ocupam espaço na hierarquia das normas que se denomina de supralegalidade, ou seja, preponderam sobre o ordenamento infraconstitucional, mas, não sobre as normas constitucionais[47],

---

(46) *Teoria geral dos direitos humanos na ordem internacional*. Rio de Janeiro: RENOVAR, 2005. p. 165.

(47) Nesse sentido, por exemplo, o HC 88240/SP – SÃO PAULO, *HABEAS CORPUS*, em que foi Relatora a Ministra Ellen Gracie, julgado pela 2ª Turma em 7 de outubro de 2008, e publicado em 24 de outubro de 2008. A ementa é a seguinte: "DIREITO PROCESSUAL. *HABEAS CORPUS*. PRISÃO CIVIL DO DEPOSITÁRIO INFIEL. PACTO DE SÃO JOSÉ DA COSTA RICA. ALTERAÇÃO DE ORIENTAÇÃO DA JURISPRUDÊNCIA DO STF. CONCESSÃO DA ORDEM. 1. A matéria em julgamento neste *habeas corpus* envolve a temática da (in)admissibilidade da prisão civil do depositário infiel no ordenamento jurídico brasileiro no período posterior ao ingresso do Pacto de São José da Costa Rica no direito nacional. 2. O julgamento impugnado via o presente *habeas corpus* encampou orientação jurisprudencial pacificada, inclusive no STF, no sentido da existência de depósito irregular de bens fungíveis, seja por origem voluntária (contratual) ou por fonte judicial (decisão que nomeia depositário de bens penhorados). Esta Corte já considerou que "o depositário de bens penhorados, ainda que fungíveis, responde pela guarda e se sujeita a ação de depósito" (HC n. 73.058/SP, rel. Min. Maurício Corrêa, 2ª Turma, DJ de 10.05.1996). Neste mesmo sentido: HC 71.097/PR, rel. Min. Sydney Sanches, 1ª Turma, DJ 29.03.1996). 3. Há o caráter especial do Pacto Internacional dos Direitos Civis Políticos (art. 11) e da Convenção Americana sobre Direitos Humanos – Pacto de San José da Costa Rica (art. 7º, 7), ratificados, sem reserva, pelo Brasil, no ano de 1992. A esses diplomas internacionais sobre direitos humanos é reservado o lugar específico no ordenamento jurídico, estando abaixo da Constituição, porém acima da legislação interna. O *status* normativo supralegal dos tratados internacionais de direitos humanos subscritos pelo Brasil, torna inaplicável a legislação infraconstitucional com ele conflitante, seja ela anterior ou posterior ao ato de ratificação. 4. Na atualidade a única hipótese de prisão civil, no Direito brasileiro, é a do devedor de alimentos. O art. 5º, §2º, da Carta Magna, expressamente estabeleceu que os direitos e garantias expressos no *caput* do mesmo dispositivo não excluem outros decorrentes do regime dos princípios por ela adotados, ou dos tratados internacionais em que a República Federativa do Brasil seja parte. O Pacto de São José da Costa Rica, entendido como um tratado internacional em matéria de direitos humanos, expressamente, só admite, no seu bojo, a possibilidade de prisão civil do devedor de alimentos e, conseqüentemente, não admite mais a possibilidade de prisão civil do depositário infiel. 5. *Habeas corpus* concedido."

salvo se tiverem sido aprovados nos termos do art. 5º, § 3º, da Constituição da República[48], o que é necessário para que tenham *status* constitucional.

Atualmente, nesses termos, só há a aprovação da Convenção Internacional sobre os Direitos das Pessoas com Deficiência e seu Protocolo Facultativo, de 2007[49].

Entendimento distinto sempre teve, ou, ao menos desde a atual Constituição da República, tem Flávia Piovesan, que defende natureza constitucional para os instrumentos normativos internacionais de Direito Humanos, em qualquer caso.

Diz a autora:

> [...] por força do art. 5º, §§ 1º e 2º, a Carta de 1988 atribui aos direitos [humanos] enunciados em tratados internacionais a hierarquia de norma constitucional, incluindo-os no elenco dos direitos constitucionalmente garantidos, que apresentam aplicabilidade imediata.
>
> Enfatize-se que, enquanto os demais tratados internacionais têm força hierárquica infraconstitucional, nos termos do art. 102, III, "b" do texto (que admite o cabimento de recursos extraordinário de decisão que declarar a inconstitucionalidade de tratado), os direitos enunciados em tratados internacionais de proteção dos direitos humanos detêm natureza de norma constitucional. Esse tratamento jurídico diferenciado se justifica, na medida em que os tratados internacionais de direitos humanos apresentam um caráter especial, distinguindo-se dos tratados internacionais comuns[50].

Embora eu seja simpático a esse entendimento, uma vez que a superioridade normativa, no plano interno, das normas de Direitos Humanos é um ideal mais do que desejável, é forçoso reconhecer que a posição dominante é a exposta um pouco mais acima, como salienta, por exemplo, Paulo Gustavo Gonet Branco, ao lembrar que STF, antes da Emenda Constitucional 45/2004, "diversas vezes recusou *status* constitucional aos direitos individuais previstos em tratados com o Pacto de San José", e que há precedentes após a mesma emenda constitucional, "atribuindo *status* normativo supralegal, mas infraconstitucional, aos tratados de direitos humanos"[51].

---

(48) O art. 5º, § 3º, dispõe: "Os tratados e convenções internacionais sobre direitos humanos que forem aprovados, em cada Casa do Congresso Nacional, em dois turnos, por três quintos dos votos dos respectivos membros, serão equivalentes às emendas constitucionais".

(49) Aprovados no Congresso Nacional pelo Decreto Legislativo n. 186, de 9 de julho de 2008, e promulgados pelo Presidente da República por intermédio do Decreto n. 6.949, de 25 de agosto de 2009. A versão oficial, em português, dos instrumentos normativos, está Disponível em: <http://www.planalto.gov.br/ccivil_03/_Ato2007-2010/2009/Decreto/D6949.htm>. Acesso em: 30 jun. 2014.

(50) *Temas de direitos humanos*. 2. ed. São Paulo: Max Limonad, 2003. p. 46-47.

(51) MENDES, Gilmar Ferreira e BRANCO, Paulo Gustavo Gonet. *Curso de direito constitucional*. 7. ed. São Paulo: Saraiva, 2012. p. 148.

Voltando a André de Carvalho Ramos, esse autor, agora tratando do plano internacional, e depois de tecer diversas considerações, afirma que, "quer pelo critério material (conteúdo) ou quer pelo critério formal (norma de *jus cogens*) a norma de direitos humanos é norma hierarquicamente superior no ordenamento jurídico internacional"[52].

Concordo, até porque, além de ser, teoricamente, perfeitamente defensável, ou melhor, desejável, esse entendimento, a postura dos organismos internacionais, sempre privilegiando os instrumentos normativos de Direitos Humanos, conduz a essa interpretação.

A respeito, é possível depreender esse entendimento em decisão do Comitê de Liberdade Sindical da Organização Internacional do Trabalho (OIT), em caso ocorrido em 1984, no Reino Unido, quando o governo impediu a sindicalização dos servidores do Centro Geral de Comunicações, promovendo dispensas em relação aos que se negaram a renunciar ao seu direito de sindicalização e/ou solicitar sua transferência para outros postos.

Nesse caso, o governo inglês afirmou que a Convenção n. 151 – que trata das relações de trabalho na administração pública, incluindo o direito de sindicalização –, no art. 1º, 2[53], autorizava sua atitude, tendo o Comitê de Liberdade Sindical da OIT rejeitado a afirmação, sob o argumento de que a atitude violava a Convenção n. 87, que não poderia ser contrariada ou invalidada, nem mesmo pelo disposto na Convenção n. 151. Observe-se que o Comitê de Liberdade Sindical da OIT deixou claro que impedir o direito de sindicalização violava um direito fundamental dos servidores públicos[54].

Note-se a propósito que a Convenção n. 87 da OIT é uma das convenções fundamentais em matéria de trabalho, e que configuram o que se denomina de Trabalho Decente, ou os Direitos Humanos dos trabalhadores, como está indicado, expressamente, na Declaração da OIT sobre os princípios e direitos fundamentais no trabalho, adotada na 86ª Sessão da Conferência Internacional do Trabalho, em junho de 1998[55].

---

(52) *Teoria geral dos direitos humanos na ordem internacional*. Rio de Janeiro: Renovar, 2005. p. 176-177.

(53) O art. 1º, 2, dispõe: "A legislação nacional determinará o modo pelo qual as garantias previstas pela presente Convenção se aplicarão aos trabalhadores da Administração Pública de alto nível, cujas funções são normalmente consideradas de formulação de políticas ou de direção ou aos trabalhadores da Administração Pública cujas responsabilidades tenham um caráter altamente confidencial". A versão oficial, em português, da Convenção n. 151 está Disponível em: <http://www.planalto.gov.br/ccivil_03/_Ato2011-2014/2013/Decreto/D7944.htm>. Acesso em: 30 jun. 2014.

(54) Organização Internacional do Trabalho. *El trabajo en el mundo*. Ginebra – Suiza: Oficina Internacional del Trabajo, Volume 4, 1989. p. 120.

(55) A respeito do Trabalho decente, sugiro ver livro de minha autoria, com este título. 3. ed. São Paulo: LTr, 2013.

A característica seguinte é a da indivisibilidade que, conforme André de Carvalho Ramos, "consiste na constatação de que todos os direitos humanos devem ter a mesma proteção jurídica, uma vez que são essenciais para uma vida digna". Chega, então, com isso, a dizer que a classificação dos Direitos Humanos perde importância[56].

De minha parte, concordo com a proposição oferecida pelo autor, embora não com sua conclusão. É que a indivisibilidade dos Direitos Humanos é simples de entender, no momento em que se compreende que todos esses direitos têm um mesmo fim, que é o de garantir a dignidade da pessoa humana, pelo que dividi-los, ou melhor, considerá-los em separado significaria cindir o que não pode ser dividido, sob pena de quebrar a proteção do bem maior dos seres humanos, que é a sua dignidade. Negar à pessoa humana um único direito humano significa atentar contra a dignidade dessa pessoa, porque, para que as pessoas tenham respeitada a sua dignidade, é preciso que lhe sejam garantidos todos os Direitos Humanos, sem exceção de um só que seja.

Por isso que os Direitos Humanos têm a mesma importância, devendo coexistir em conjunto, não havendo hierarquia entre eles. Isso, todavia, não muda o fato de as classificações que são apresentadas são importantes, tendo, sim, sentido, pois ajudam na compreensão dos distintos direitos, e auxiliam o titular na decisão a respeito de forma como fará a cobrança de sua concessão, por quem estiver obrigado.

A respeito da importância de indivisibilidade como característica dos Direitos Humanos, penso que isto fica claro nas palavras de Clarence Dias:

> Durante os últimos 50 anos, grande parte dos trabalhos sobre direitos humanos voltaram-se para o monitoramento das violções, tomando-se, como base, a proclamação da indivisibilidade desses direitos. Da mesma forma, revestem-se de importância as ações que enfatizam a proteção e a prevenção de violações dos direitos humanos. Somente assim poderemos alcançar a consolidação do princípio da indivisibilidade. Somente assim poderemos corrigir determinadas práticas atuais, desenvolvidas em sentido oposto ao princípio da indivisibilidade, antes que produzam danos aos direitos humanos[57].

Seguindo em frente, há a característica da interdependência, claramente relacionada à anterior, mas com um viés distinto. Por interdependência compreende-se que os Direitos Humanos possuem essa relação, de serem dependentes entre si.

---

(56) *Teoria geral dos direitos humanos na ordem internacional*. Rio de Janeiro: Renovar, 2005. p. 199.

(57) Indivisibilidade. In: PINHEIRO, Paulo Sérgio e GUIMARÃES, Samuel Pinheiro (Org.). *Direitos humanos no século XXI*. Brasília: IPRI; Senado Federal, 2002. p. 102.

A propósito dessa característica, André de Carvalho Ramos acentua não somente ter sido adotada pela Conferência de Viena sobre Direitos Humanos[58], como o seu caminhar "em conjunto com a [...] indivisibilidade", defendendo que por interdependência deve-se entender a "mútua dependência entre os direitos humanos protegidos"[59].

Já Alexandre de Moraes, tratando da interdependência em relação ao que denomina direitos humanos fundamentais, acentua que esses direitos, embora autônomos, possuem "diversas intersecções para atingirem suas finalidades"[60].

O que é importante salientar em relação à interdependência, embora isso, em princípio, já esteja claro pelo que foi dito em relação às características anteriores, é que ela não implica em se considerar que há um direito humano mais importante que o outro, mas, somente, que eles se relacionam entre si, dependendo uns dos outros, como é o caso, por exemplo, do direito à liberdade de manifestação de pensamento, que é dependente do direito à educação, e que, claramente é otimizado pelo direito à informação. Não são, então, os Direitos Humanos normas isoladas; pelo contrário, devem ser vistos, via de regra, em conjunto, e de forma dependente entre si.

A próxima característica é a da indisponibilidade. Os Direitos Humanos, pela sua essencialidade, por serem a concretização do princípio da dignidade da pessoa humana, não podem ser objeto de disposição. São, assim, irrenunciáveis, não transacionáveis, e insuscetíveis de alienação.

Para André de Carvalho Ramos, se um direito é indisponível, deve-se "reconhecer a sua total irrenunciabilidade", além de que "a vontade de seu titular no sentido de renúncia ou disposição, somente pode ser manifestada sob controle"[61].

Já Paulo Gustavo Gonet Branco, que também denomina a indisponibilidade de inalienabilidade, tratando dos direitos fundamentais, entende que é possível a restrição de certos direitos, desde que "em prol de uma finalidade acolhida ou tolerada pela ordem constitucional", ainda que julgue "inviável que se abra mão

---

(58) Isso está previsto no item 5 da Declaração e Programa de Ação de Viena, de 1993, que resultou da Conferência mencionada, e que relaciona, além da interdependência, o fato de que os Direitos Humanos são universais, indivisíveis e inter-relacionados, e prescreve: "5. Todos os direitos humanos são universais, indivisíveis interdependentes e inter-relacionados. A comunidade internacional deve tratar os direitos humanos de forma global, justa e equitativa, em pé de igualdade e com a mesma ênfase. Embora particularidades nacionais e regionais devam ser levadas em consideração, assim como diversos contextos históricos, culturais e religiosos, é dever dos Estados promover e proteger todos os direitos humanos e liberdades fundamentais, sejam quais forem seus sistemas políticos, econômicos e culturais". Disponível em: <http://www.pge.sp.gov.br/centrodeestudos/bibliotecavirtual/instrumentos/viena.htm>. Acesso em: 1º jul. 2014.

(59) *Teoria geral dos direitos humanos na ordem internacional*. Rio de Janeiro: Renovar, 2005. p. 203.
(60) *Direitos humanos fundamentais*. São Paulo: Atlas, 2000. p. 41.
(61) *Teoria geral dos direitos humanos na ordem internacional*. Rio de Janeiro: Renovar, 2005. p. 207.

irrevogavelmente dos direitos fundamentais". Exemplifica, entre outros, com a não divulgação de segredo em razão de profissão, que importaria restrição à liberdade de expressão[62].

Julgo que o entendimento é correto, embora isso, penso, não afete a característica da indisponibilidade, pois não se trata, nesses casos – como o autor citado, acredito, também entende –, de renúncia ou qualquer forma drástica de disposição, mas, apenas e tão somente de um ajuste que deve ser feito quando diversos direitos estão em cena, em tantas situações da vida em sociedade.

Veja-se, por exemplo, a liberdade de exercício do trabalho, e que não impede que a pessoa só seja autorizada a praticar um determinado ofício se estiver habilitada para tal, especialmente quando se trata de profissões que exigem um treinamento especializado, em favor, até, dos direitos de outras pessoas, como é o caso da medicina.

Por fim, encerrando esse item, que trata das características para além da universalidade, vista no item anterior, há a exigibilidade dos Direitos Humanos, que significa que esses direitos são exigíveis de imediato e da forma que for necessária para a sua realização, ou seja, para que se possam incorporar, de fato e de direito, à vida de quem os possui.

Nesse momento, todavia, quero somente apresentar o que entendo como sendo essa característica, e quais são os seus desdobramentos, pois, como a temática, entendo, é crucial para que os Direitos Humanos cumpram a sua finalidade, vou dedicar o capítulo, denominado Realização dos Direitos Humanos, seguinte à sua discussão.

Quero, também, desde logo registrar que entendo que, dentro da discussão da exigibilidade deve estar abrigada a discussão relativa à aplicabilidade imediata, que para mim é uma exigência para que os Direitos Humanos sejam exigíveis, de forma plena, e de imediato.

Dito isso, no capítulo que segue, quero discutir os aspectos da exigibilidade que me parecem importantes para compreender a etapa muito importante na história dos Direitos humanos, que é a de sua realização, e que André de Carvalho Ramos sintetiza bem, ao dizer, tratando da exigibilidade, que a "implementação prática representa o estágio da dialética atual da proteção dos direitos humanos"[63].

---

(62) MENDES, Gilmar Ferreira e BRANCO, Paulo Gustavo Gonet. *Curso de direito constitucional*. 7. ed. São Paulo: Saraiva, 2012. p. 166.

(63) *Teoria geral dos direitos humanos na ordem internacional*. Rio de Janeiro: Renovar, 2005. p. 215.

6

REALIZAÇÃO DOS DIREITOS HUMANOS NO BRASIL

Meu principal objetivo nesse capítulo é discutir, como dito logo ao final do Capítulo 5, a realização dos Direitos Humanos, ou seja, a transformação do conjunto de normas que é assim denominado em algo vivo, que possa ser manejado pelas pessoas, até porque são todos direitos que primam pela essencialidade. Farei isso, como indiquei, a partir da característica da exigibilidade, focando no caso específico do Brasil, no plano interno.

A esse respeito, posso adiantar que, em minha visão, devem ser eliminados todos os obstáculos, até os teóricos, que têm sido apresentados para negar a concretização dos Direitos Humanos, por serem eles absolutamente incompatíveis com a noção primordial dos Direitos Humanos, além de com o seu fundamento, a digniade da pessoa humana.

Por isso, quero apresentar uma afirmação feita por Ingo Wolfgang Sarlet que sintetiza o que penso. Ela é feita considerando os Direitos Fundamentais, mas, acredito, aplica-se sem restrições aos Direitos Humanos. Diz o autor: "[...]Sem que se reconheçam à pessoa humana os direitos fundamentais que lhe são inerentes, em verdade estar-se-á negando-lhe a própria dignidade"[1].

Antes, todavia, é preciso discutir como se dá a incorporação dos tratados de Direitos Humanos no ordenamento jurídico brasileiro, o que será feito no primeiro item deste capítulo.

---

(1) *Dignidade da pessoa humana e direitos fundamentais na Constituição Federal de 1988*. 4. ed. Porto Alegre: Livraria do Advogado Editora, 2006. p. 85.

Isso é necessário não somente para que se verifique como e partir de quando os tratados de Direitos Humanos podem ser considerados como exigíveis no Brasil, mas, também qual o seu *status* na hierarquia das normas componentes do ordenamento jurídico, o que, como será observado, é uma questão ainda em aberto, tanto no plano doutrinário como na jurisprudência.

6.1. INCORPORAÇÃO DOS TRATADOS DE DIREITOS HUMANOS AO ORDENAMENTO JURÍDICO BRASILEIRO

Antes de tudo, creio que é preciso registrar como se dá a relação entre as normas de direito internacional e as normas de direito interno.

Segundo Paulo Henrique Gonçalves Portela, no geral, a "doutrina examina a matéria com base em duas teorias: o dualismo e o monismo". Afirma, todavia, que, certas particularidades têm levado a que se admitam outras possibilidades, entre elas a "primazia da norma mais favorável ao indivíduo, que prevalece dentro do Direito Internacional dos Direitos Humanos"[2].

Seguindo as lições desse autor, verifica-se que, para o dualismo, o Direito Internacional e o Direito Interno são distintos e independentes. Assim, para que um tratado possa produzir efeitos dentro de um Estado soberano, precisa ser incorporado ao direito desse Estado, por intermédio de um instrumento normativo distinto, e próprio de seu direito interno, com o mesmo conteúdo do tratado. Prossegue dizendo que há, ainda, o que se denomina dualismo moderado, quando não há necessidade de aprovar um instrumento normativo próprio, como na hipótese anterior, precisando haver, somente, um procedimento específico para a incorporação do tratado que, "normalmente inclui apenas a aprovação do parlamento e, posteriormente, a ratificação do Chefe de Estado, bem como, no caso do Brasil, um decreto de promulgação do Presidente da República, que inclui o ato internacional na ordem jurídica nacional"[3].

Já a respeito do monismo, Portela leciona que, para essa teoria, "existe apenas uma ordem jurídica, com normas internacionais e internas, interdependentes entre si". Havendo conflito, afirma que há duas teorias para determinar qual norma prevalecerá: o monismo internacionalista, em que há primazia da norma internacional, e o monismo nacionalista, quando ocorre o contrário. Conclui, mais adiante, que o Brasil adota elementos das duas teorias (monismo e dualismo), fazendo a seguinte observação:

> [...]Fica evidente, portanto, que a prática brasileira em relação aos conflitos entre as normas internacionais e internas herdará aspectos do dualismo e do

---

(2) *Direito internacional público e privado*. 4. ed. Salvador: JusPODIUM, 2012. p. 63.

(3) *Ibidem*, p. 63-64, estando a citação literal na p. 64.

monismo e, [...], incorporará soluções próprias, que não permitirão, em nosso ponto de vista, definir qual a teoria que o Brasil adota, sendo mais pertinente afirma que o Estado brasileiro recorre a elementos de ambas as teorias[4].

Encerrando essa discussão, Portela fala de outras possibilidades, para introduzir a questão da primazia da norma mais favorável, princípio que trabalha com a ideia de que, havendo conflito, a primazia é da norma mais favorável à vítima/ ao indivíduo, prevalecendo a "que melhor promova a dignidade humana". Para o autor, o princípio se fundamenta "na prevalência do imperativo da proteção da pessoa humana", pelo que, nesses casos, não importará se a norma é internacional ou interna, pois ela prevalecerá simplesmente porque protege, da melhor forma, a dignidade[5].

Esse entendimento, a propósito, pode ser visualizado na decisão abaixo:

Ilegitimidade jurídica da decretação da prisão civil do depositário infiel. Não mais subsiste, no sistema normativo brasileiro, a prisão civil por infidelidade depositária, independentemente da modalidade de depósito, trate-se de depósito voluntário (convencional) ou cuide-se de depósito necessário. Precedentes. Tratados internacionais de direitos humanos: as suas relações com o direito interno brasileiro e a questão de sua posição hierárquica. A Convenção Americana sobre Direitos Humanos (Art. 7º, n. 7). Caráter subordinante dos tratados internacionais em matéria de direitos humanos e o sistema de proteção dos direitos básicos da pessoa humana. Relações entre o direito interno brasileiro e as convenções internacionais de direitos humanos (CF, art. 5º, §§ 2º e 3º). Precedentes. Posição hierárquica dos tratados internacionais de direitos humanos no ordenamento positivo interno do Brasil: natureza constitucional ou caráter de supralegalidade? Entendimento do relator, Min. Celso de Mello, que atribui hierarquia constitucional às convenções internacionais em matéria de direitos humanos. [...] Hermenêutica e direitos humanos: a norma mais favorável como critério que deve reger a interpretação do Poder Judiciário. Os magistrados e Tribunais, no exercício de sua atividade interpretativa, especialmente no âmbito dos tratados internacionais de direitos humanos, devem observar um princípio hermenêutico básico (tal como aquele proclamado no art. 29 da Convenção Americana de Direitos Humanos), consistente em atribuir primazia à norma que se revele mais favorável à pessoa humana, em ordem a dispensar-lhe a mais ampla proteção jurídica. O Poder Judiciário, nesse processo hermenêutico que prestigia o critério da norma mais favorável (que tanto pode ser aquela prevista no tratado internacional como a que se acha positivada no próprio direito interno do Estado), deverá extrair a máxima eficácia das declarações internacionais e das

---

(4) *Direito internacional público e privado*. 4. ed. Salvador: JusPODIUM, 2012. p. 64-66, estando a citação literal na p. 66.

(5) *Ibidem*, p. 67.

proclamações constitucionais de direitos, como forma de viabilizar o acesso dos indivíduos e dos grupos sociais, notadamente os mais vulneráveis, a sistemas institucionalizados de proteção aos direitos fundamentais da pessoa humana, sob pena de a liberdade, a tolerância e o respeito à alteridade humana tornarem-se palavras vãs. Aplicação, ao caso, do art. 7º, n. 7, c/c o art. 29, ambos da Convenção Americana de Direitos Humanos (Pacto de São José da Costa Rica): um caso típico de primazia da regra mais favorável à proteção efetiva do ser humano[6].

Francisco Rezek, de sua parte, depois de afirmar, a respeito do sistema dualista, a independência do Direito Internacional e do Direito Interno de cada Estado, "de tal modo que a validade jurídica de uma norma interna não se condiciona à sua sintonia com a ordem internacional", faz menção às duas correntes do monismo mencionadas por Portela, indicando ao final que, não obstante não haja suporte doutrinário fora do antigo contexto soviético, o monismo nacionalista "norteia as convicções judiciárias em inúmeros países do ocidente – incluídos o Brasil e os Estados Unidos da América –, quando os tribunais enfrentam o problema do conflito entre normas de direito internacional e de direito público"[7].

Já Flávia Piovesan, tratando da incorporação dos tratados, primeiro relembra a sistemática constitucional a respeito, observando que "os tratados internacionais demandam, para seu aperfeiçoamento, um ato complexo, onde se integram a vontade do Presidente da República, que os celebra, e a do Congresso Nacional, que os aprova, mediante decreto legislativo"[8].

Avançando, afirma que a doutrina dominante, no Brasil, tem entendido pela doutrina dualista, pelo que seria necessária a edição de um ato normativo nacional para que os tratados produzam efeitos no ordenamento jurídico do País. Afirma ainda que, "[...]no caso brasileiro, esse ato tem sido um decreto de execução, adotado pelo Presidente da República, com a finalidade de promulgar o tratado ratificado na ordem jurídica interna, conferindo-lhe execução, cumprimento e publicidade no âmbito interno"[9].

A autora, todavia, entende que isso não se aplica aos tratados de Direitos Humanos, em razão da aplicabilidade imediata prevista no art. 5º, § 1º, da Constituição da República, pelo que, ratificado o tratado, caso verse ele sobre Direitos Humanos, já se irradiam seus efeitos no âmbito interno, "dispensando-se a edição de decreto de execução". Para ela, então, o Brasil adota um sistema misto; dualista para os tratados relativos a outras matérias, e monista para os de Direitos Humanos[10].

---

(6) HC 91.361, Rel. Ministro Celso de Mello, julgamento em 23.09.2008, Segunda Turma, DJE de 06.02.2009. Disponível em: <http://www.stf.jus.br/portal/constituicao/artigoBd.asp#visualizar>. Acesso em: 6 jul. 2014.

(7) *Direito internacional público*: curso elementar. 13. ed. 2. tiragem. São Paulo: Saraiva, 2011. p. 28-29.

(8) *Temas de direitos humanos*. 2. ed. São Paulo: Max Limonad, 2003. p. 80-81.

(9) *Ibidem*, p. 82.

(10) *Ibidem*, p. 82-83, estando a transcrição na p. 82.

Entende também, repetindo ideia sua, já vista neste livro, quando discuti a superioridade normativa, que os tratados de direitos humanos, em razão do art. 5º, § 2º, do texto constitucional, possuem hierarquia de norma constitucional, enquanto os demais decretos tem força de norma infraconstitucional[11]. Para Piovesan, então, haveria diferenças significativas entre os tratados de Direitos Humanos e os demais, pois os primeiros ingressariam no ordenamento jurídico brasileiro sem necessitar de um decreto de execução, e com *status* constitucional.

A respeito da publicação do que Piovesan chama decreto de execução, Francisco Rezek não faz distinções entre tratados de Direito Humanos e outros, ensinando que, "[...]no Brasil se *promulgam* por decreto do presidente da República todos os tratados que tenham [sido] objeto de aprovação congressional antes da ratificação ou adesão", para afirmar, após, que o objetivo é que o tratado seja inserido na ordem jurídica[12]. Mais à frente, todavia, tratando da nova sistemática para aprovação dos tratados de Direitos Humanos, disciplinada pelo art. 5º, § 3º, da Constituição da República, e depois de mencionar que, possivelmente, esta será a única sistemática utilizada quando se referir ao tratado que verse sobre essa matéria – e que, isto ocorrendo, sua natureza possivelmente impedirá a denúncia, pois a Constituição é imutável nesse aspecto, ou seja, em relação aos direitos com *status* de fundamental –, expõe um último pensamento a respeito da questão, defendendo que, o Congresso, ao aprovar a Emenda Constitucional n. 45, em 2004, sem qualquer ressalva, elevou os tratados de Direitos Humanos concluídos antes, em processo simples, ao nível constitucional[13].

É uma posição arrojada, assim como a apresentada por Piovesan, mas, não encontra correspondência com a ação dos Poderes Executivo e Legislativo Federal, nem, como visto no item 2 do Capítulo 5, com o entendimento do Supremo Tribunal Federal, que insiste na supralegalidade, só não devendo ocorrer com os tratados aprovados após a EC n. 45/2004 com o quórum e sistemática para a aprovação das emendas constitucionais.

Exemplo, em relação à manutenção da ideia de supralegalidade, é a decisão abaixo:

> Desde a adesão do Brasil, sem qualquer reserva, ao Pacto Internacional dos Direitos Civis e Políticos (art. 11) e à Convenção Americana sobre Direitos Humanos – Pacto de San José da Costa Rica (art. 7º, 7), ambos no ano de 1992, não há mais base legal para prisão civil do depositário infiel, pois o caráter especial desses diplomas internacionais sobre direitos humanos lhes reserva lugar específico no ordenamento jurídico, estando abaixo da Constituição, porém acima da legislação interna. O *status* normativo supralegal dos tratados internacionais de direitos humanos subscritos

---

(11) *Temas de direitos humanos*. 2. ed. São Paulo: Max Limonad, 2003. p. 83.
(12) *Direito internacional público*: curso elementar. 13. ed. 2. tiragem. São Paulo: Saraiva, 2011. p. 103.
(13) *Ibidem*, p. 132-133.

pelo Brasil, dessa forma, torna inaplicável a legislação infraconstitucional com ele conflitante, seja ela anterior ou posterior ao ato de adesão. Assim ocorreu com o art. 1.287 do CC de 1916 e com o DL n. 911/1969, assim como em relação ao art. 652 do novo CC (Lei n. 10.406/2002)[14].

Já em relação à hierarquia entre a Constituição da República e todos os tratados internacionais há a decisão abaixo:

> Supremacia da CR sobre todos os tratados internacionais. O exercício do 'treaty-making power', pelo Estado brasileiro, está sujeito à observância das limitações jurídicas emergentes do texto constitucional. Os tratados celebrados pelo Brasil estão subordinados à autoridade normativa da CR. Nenhum valor jurídico terá o tratado internacional, que, incorporado ao sistema de direito positivo interno, transgredir, formal ou materialmente, o texto da Carta Política. Precedentes[15].

A discussão levantada por Francisco Rezek, de que os tratados de Direitos Humanos incorporados ao ordenamento jurídico brasileiro antes da EC n. 45/2004 passaram a ter *status* constitucional, entretanto, já foi levantada no STF, na 2ª Turma, pelo Ministro Joaquim Barbosa, ao menos uma vez, de forma clara, como será visto no voto, parcial, que vou transcrever. Não me parece, todavia, que a situação tenha sido enfrentada pela Turma sob esse viés, e sim por outro argumento. Não é uma decisão, então, que possa ser considerada suficiente para alterar o posicionamento do Tribunal, a respeito da supralegalidade dos tratados de Direitos Humanos. A parte do voto a que refiro é a seguinte:

> [...] após o advento da EC n. 45/2004, consoante redação dada ao § 3º do art. 5º da CF, passou-se a atribuir às convenções internacionais sobre direitos humanos hierarquia constitucional [...]. Desse modo, a Corte deve evoluir do entendimento então prevalecente [...] para reconhecer a hierarquia constitucional da Convenção. [...] Se bem é verdade que existe uma garantia ao duplo grau de jurisdição, por força do pacto de São José, também é fato que tal garantia não é absoluta e encontra exceções na própria Carta[16].

Há questões em aberto, então, que ainda deverão ser enfrentadas pelo Supremo Tribunal Federal. O que é importante observar é que, considerando a essencialidade das normas de Direitos Humanos, acredito que o melhor entendimento será o

---

(14) RE 466.343, Rel. Ministro Cezar Peluso, voto do Ministro Gilmar Mendes, julgamento em 03.12.2008, Plenário, *DJE* de 05.06.2009, com repercussão geral. Disponível em: <http://www.stf.jus.br/portal/constituicao/artigoBd.asp#visualizar>. Acesso em: 6 jul. 2014.

(15) MI 772-AgR, Rel. Ministro Celso de Mello, julgamento em 24-10-2007, Plenário, *DJE* de 20-3-2009. *Idem*.

(16) AI 601.832-AgR, voto do Rel. Min. Joaquim Barbosa, julgamento em 17.03.2009, Segunda Turma, *DJE* de 03.04.2009.

que, respeitando as disposições constitucionais a respeito da matéria, que são os arts. 49, I[17], e 84, VIII[18], da Constituição da República, além do fato de que toda norma, para produzir efeitos, deve ser publicada, para a necessária publicidade, e para que se tenha a versão oficial em português, der máxima efetividade às normas internacionais que tratem desse conjunto.

6.2. EXIGIBILIDADE

Como venho defendendo neste livro – ver, por exemplo, o Capítulo 3, e os itens 4.1 e 5.2 –, os Direitos Humanos, como o conjunto de direitos que dão concretude à dignidade da pessoa humana – mesmo papel que os Direitos fundamentais cumprem, agora em ambiente mais limitado, que é o espaço em que os Estados exercem sua soberania –, não podem ser pensados apenas em teoria, nem devem estar limitados à letra fria das normas.

Não, eles precisam, a partir da condicionalidade material[19], ser vistos de forma concreta, permitindo que as pessoas possam usufruir dos direitos que para elas são essenciais, na medida em que isso seja necessário para preservar sua dignidade e sejam compatíveis com os seus planos de vida[20].

Ocorre que, nem sempre os obrigados a garantir o exercício dos Direitos Humanos, o Estado, em boa parte dos casos, mas, os particulares, também, praticam os atos para que isso ocorra.

Daí a necessidade de reconhecer, para os Direitos Humanos, a característica da exigibilidade, pois não pode ficar ao alvedrio do obrigado a decisão de cumprir ou não sua obrigação. Não, os Direitos Humanos, pela sua indispensabilidade, pela sua essencialidade, devem poder ser exigíveis, e de imediato, contra qualquer ente ou pessoa.

Para isso, no Brasil, o ordenamento jurídico possui todos os instrumentos necessários, havendo, no âmbito das garantias, diversas formas de exigir o cumprimento dos Direitos Humanos, bem como dos Direitos fundamentais. Instrumentos como o *habeas corpus*, o mandado de segurança, o mandado de segurança coletivo, o *habeas data*, o mandado de injunção, a ação civil pública e as demais ações coletivas e individuais garantem a exigibilidade, no plano judicial, dos direitos essenciais

---

(17) Art. 49. É da competência exclusiva do Congresso Nacional: I – resolver definitivamente sobre tratados, acordos ou atos internacionais que acarretem encargos ou compromissos gravosos ao patrimônio nacional;

(18) Art. 84. Compete privativamente ao Presidente da República: VIII – celebrar tratados, convenções e atos internacionais, sujeitos a referendo do Congresso Nacional;

(19) Ver a parte final do Capítulo 4.

(20) Sugiro rever, caso seja necessário, as definições de Direitos Humanos que apresentei no item 2.1, e que levam em consideração os elementos que sustentam a afirmação que dá origem a esta nota.

das pessoas, fazendo isso em favor de todos que são reconhecidos como detentores de direitos: os indivíduos e as coletividades determinadas e indeterminadas.

Esse, todavia, não me parece ser, para a discussão que estou travando, o aspecto principal da exigibilidade, até porque os instrumentos dão margem a uma proteção ampla e segura, além de que a proposta deste livro não é enveredar pelos aspectos procedimentais. Por essas razões, não me deterei nesse aspecto.

O que quero é discutir algumas questões antecedentes, e que interferem na aceitação, em juízo, dos pleitos relativos à exigibilidade dos Direitos Humanos, e, em alguns casos, dos Direitos Fundamentais.

Farei isso a partir de uma visão definida, e que, entendo, deve ser registrada logo, ou melhor, relembrada logo. Quando, no item 5.2, tratei da exigibilidade, indiquei que essa característica significa que esses direitos são exigíveis de imediato e da forma que for necessária para a sua realização, ou seja, para que se possam incorporar, de fato e de direito, à vida de quem os possui.

Em se tratando de Direitos Humanos, pretender ou defender menos que isso é se contentar com um conjunto de normas que, embora definidas como essenciais, podem ou não ser garantidas às pessoas, o que é claramente contraditório.

Ainda assim, doutrina significativa tem, de forma crescente, postulado exatamente isso, ou seja, que os Direitos Humanos podem ser concedidos com limites, ou em proporção inferior ao que foi definido como indispensável, e isso em relação a todos os Direitos Humanos, seja qual for a dimensão em que estão inseridos, embora isso ocorra no Brasil, mais frequentemente, com os chamados direitos sociais.

Não somente com eles, entretanto. É comum, por exemplo, o governante de ocasião, insatisfeito com a não unanimidade das opiniões da imprensa em favor de seus atos, volta e meia discutir a regulamentação da mídia, ou dos que nela trabalham, o que nada mais é do que a tentativa de restringir a liberdade de imprensa e, assim, a liberdade de informação, que é um dos Direitos Humanos.

Quem não vê, também, os governos cedendo, em nome de fatos passados e de interesses de grupos organizados, à manutenção de situações irregulares, em vez de adotar, em definitivo, uma solução para as questões ambientais, de mobilidade urbana, de ocupação racional e democrática das cidades? Ora, tudo isso é uma forma de negar as condições para o exercício de Direitos Humanos e uma afronta direta à característica da exigibilidade.

Na contramão dessa tendência, penso que os Direitos Humanos possuem boas razões para que sejam realizados de pronto, e com a amplitude necessária para que possam, de fato, fazer diferença na vida das pessoas. Começo com a questão da aplicabilidade imediata que, acredito, dá início à ideia da exigibilidade.

André de Carvalho Ramos que, como a maioria dos doutrinadores, trata a aplicabilidade imediata como uma característica autônoma – o que, não nego que possa ser, discutindo essa característica, todavia, no bojo da exigibilidade, mais porque entendo que elas estão inevitavelmente ligadas –, afirma:

> Para a defesa dos direitos humanos adota-se a aplicabilidade imediata dos textos normativos às situações fáticas existentes, de modo que se reconhece que, sob o aspecto formal (jurídico-normativo), tais direitos são *tendencialmente completos*, ou seja, aptos a serem invocados desde logo pelo jurisdicionado[21].

A aplicabilidade imediata, em relação aos Direitos Fundamentais, está prevista no art. 5º, § 1º, da constituição da República, que prescreve:

> § 1º As normas definidoras dos direitos e garantias fundamentais têm aplicação imediata.

É preciso verificar, todavia, sua aplicabilidade aos Direitos Humanos. Em relação aos tratados aprovados nos termos do art. 5º, § 3º, também da Constituição, conforme discussão feita no item anterior, neste capítulo, não há dúvidas, pois o *status* constitucional desses tratados não é posto em discussão, nem sua condição, a partir da incorporação ao direito interno, de Direitos Humanos, mas também de Direitos Fundamentais.

Essa certeza não é tanta, assim, em relação aos tratados que não foram aprovados com a sistemática do citado § 3º. Caso se utilize o pensamento de Rezek, já visto, o *status* constitucional é garantido aos aprovados antes da EC n. 45/2004, e, por isso, a aplicabilidade imediata também é reconhecida. Caso se utilize o pensamento de Flávia Piovesan, que também já foi discutido, mais ainda.

Essa é uma questão, entretanto, que pode ter outro desfecho no plano judicial, considerando o que foi observado, ainda no item 6.1, a respeito da jurisprudência do Supremo Tribunal Federal. Isso deixa a discussão em aberto?

Penso que não. Mesmo que não se reconheça a aplicabilidade imediata prevista no art. 5º, § 1º, do texto constitucional, não é possível deixar de reconhecer aos Direitos Humanos essa condição. É que, além do art. 5º, § 2º, Constitucional[22], orientar nesse sentido, dando aos Direitos Humanos a condição de, pelo menos, direitos materialmente fundamentais[23], é ínsito aos Direitos Humanos, pelo fato de

---

(21) *Teoria geral dos direitos humanos na ordem internacional*. Rio de Janeiro: Renovar, 2005. p. 225.

(22) O art. 5º, § 2º, da Constituição da República, preceitua: Os direitos e garantias expressos nesta Constituição não excluem outros decorrentes do regime e dos princípios por ela adotados, ou dos tratados internacionais em que a República Federativa do Brasil seja parte.

(23) Como ensina Flávia Piovesan, tratando do art. 5º, § 2º, da Constituição da República, "os direitos fundamentais podem ser organizados em três distintos grupos: a) o dos direitos expressos na Constituição; b) o dos direitos implícitos, decorrentes do regime e dos princípios adotados pela Carta

que representam os direitos mais básicos dos seres humanos, sua aplicação de imediato, ou seja, não se pode conceber que direitos que resguardam o que de mais essencial há para as pessoas não possam ser manejados, ao argumento de que dependentes de regulamentação, ou porque não há condições para que o Estado ou os particulares cumpram as respectivas obrigações.

Em relação à primeira objeção que pode ser apresentada, ou seja, de que o direito, para ser exercitado, necessita de regulamentação, penso, é um fundamento que, de forma genérica, está superado desde a mudança de posição do Supremo Tribunal Federal em relação aos efeitos de decisão de procedência no mandado de injunção[24], e que é bem representada pelo que foi decidido no MI 708-0 – Distrito Federal, da Relatoria do Ministro Gilmar Mendes, julgado em 25.10.2007 (publicação: 31.10.2008), tendo a ementa, na parte inicial, o seguinte teor:

MANDADO DE INJUNÇÃO. GARANTIA FUNDAMENTAL (CF, ART. 5º, LXXI). DIREITO DE GREVE DOS SERVIDORES PÚBLICOS CIVIS (CF, ART. 37, VII). EVOLUÇÃO DO TEMA NA JURISPRUDÊNCIA DO STF. DEFINIÇÃO DOS PARÂMETROS DE COMPETÊNCIA CONSTITUCIONAL PARA APRECIAÇÃO NO ÂMBITO DA JUSTIÇA FEDERAL E DA JUSTIÇA ESTADUAL ATÉ A EDIÇÃO DA LEGISLAÇÃO ESPECÍFICA PERTINENTE, NOS TERMOS DO ART. 37, VII, DA CF. EM OBSERVÂNCIA AOS DITAMES DA SEGURANÇA JURÍDICA E À EVOLUÇÃO JURISPRUDENCIAL NA INTERPRETAÇÃO DA OMISSÃO LEGISLATIVA SOBRE O DIREITO DE GREVE DOS SERVIDORES PÚBLICOS CIVIS, FIXAÇÃO DO PRAZO DE SESSENTA DIAS PARA QUE O CONGRESSO NACIONAL LEGISLE SOBRE A MATÉRIA. MANDADO DE INJUNÇÃO DEFERIDO PARA DETERMINAR A APLICAÇÃO DAS LEIS NS. 7.701/1988 E 7.783/1989[25].

É que, agora, ainda que se reconheça que um direito essencial da pessoa é dependente de regulamentação, há, em contrapartida, o entendimento de que isso pode ser superado por decisão judicial que determine como esse direito deverá ser exercitado, no caso concreto, até que sobrevenha a regulamentação.

Não estou com isso dizendo que o mandado de injunção seria entendido como apto a permitir o exercício de direito humano teoricamente dependente de regulamentação, porque, para isso, deveria travar a mesma discussão que foi feita poucas linhas atrás, a respeito do *status* dos tratados de Direitos Humanos,

---

constitucional; e c) o dos direitos expressos nos tratados internacionais subscritos pelo Brasil" (*Temas de direitos humanos*. 2. ed. São Paulo: Max Limonad, 2003. p. 44-45).

(24) O mandado de injunção é previsto no art. 5º, LXXI, da Constituição da República, que prevê: "conceder-se-á mandado de injunção sempre que a falta de norma regulamentadora torne inviável o exercício dos direitos e liberdades constitucionais e das prerrogativas inerentes à nacionalidade, à soberania e à cidadania."

(25) Disponível em: <file:///E:/Direitos%20Humanos/mi%20708%20-%20df.pdf>. Acesso em: 17 jun. 2014.

pois está claro na redação do art. 5º, LXXI, da Constituição da República, que o mandado de injunção serve para discutir a possibilidade de exercício de direitos constitucionais, e isso pode ser entendido como um óbice para Direitos Humanos que não têm correspondência entre os fundamentais previstos na Constituição da República.

Não, o que estou dizendo é que a posição do Supremo Tribunal Federal, para mim, sinaliza a ideia de que direitos básicos, essenciais – e os Direitos Humanos são básicos e essenciais para todos –, não podem ficar dependentes do que seja, o que inclui regulamentação por norma infraconstitucional, para serem exercitados, havendo outros instrumentos processuais que podem viabilizar seu exercício, desde que amparados na conclusão de que os direitos devem ser respeitados e garantidos de imediato, e isso, na linha do que venho defendendo, para mim é óbvio.

A outra objeção diz respeito à falta de condições, via de regras materiais, para o cumprimento de obrigações relativas a Direitos Humanos.

Em relação aos particulares, ou seja, à obrigação de os particulares cumprirem obrigações relativas a direitos essenciais da pessoa, o que se convencionou chamar de eficácia horizontal, aí tanto dos Direitos Humanos como dos Direitos Fundamentais, a discussão, penso, hoje em dia, caminha corretamente para a compreensão de que os particulares estão obrigados a respeitar os Direitos Humanos, garantindo aqueles que estejam dependentes de sua ação, não sendo isto uma imposição que somente se pode fazer ao Estado.

É que os direitos básicos do ser humano, decorrentes de sua dignidade, não são concedidos, apenas, pelo Estado, mas, também, nas relações privadas. Para Ingo Wolfgang Sarlet, "a ordem comunitária e, portanto, todas as entidades privadas e os particulares encontram-se diretamente vinculados pelo princípio da dignidade da pessoa humana", por isso, "o princípio da dignidade da pessoa vincula também no âmbito das relações entre os particulares"[26].

O mesmo autor, mais à frente, tratando dos Direitos Fundamentais, mas, o que se aplica também aos Direitos Humanos, lembra que os primeiros "vinculam também diretamente os particulares nas relações entre si, sendo – na esfera deste conteúdo – irrenunciáveis"[27].

Já André de Carvalho Ramos afirma:

> De acordo com a teoria da eficácia horizontal dos direitos fundamentais, esses se aplicam *obrigatoriamente* e *diretamente* na relaização dos atos jurídicos entre pessoas e entes privados. Assim, adota-se a tese da eficácia plena dos

---

(26) *Dignidade da pessoa humana e direitos fundamentais na Constituição Federal de 1988*. 4. ed. Porto Alegre: Livraria do Advogado Editora, 2006. p. 111.

(27) *Ibidem*, p. 112.

direitos fundamentais, podendo cada indivíduo, sem qualquer necessidade de mediação concretizadora de atos normativos ou leis, invocar os direitos e garantias individuais nas suas relações privadas[28].

Os maiores problemas, no entanto, ocorrem em relação à chamada eficácia vertical, ou seja, nas relações das pessoas com o Estado, em relação ao cumprimento das obrigações deste em relação aos Direitos Humanos e aos Direitos Fundamentais.

É que, nesse caso, diversas tentativas têm ocorrido para impedir que os indivíduos busquem a proteção de seus direitos essenciais, especialmente os sociais[29].

De fato, inúmeras razões têm sido apresentadas para justificar a negativa, desde o argumento de que é preciso compatibilizar as necessidades das pessoas à capacidade do Estado de prestar os serviços necessários, até chegar à alegação de que os direitos sociais devem ser vistos sob esse prisma, não devendo ser entendidos como configurando direitos subjetivos de índole individual.

Nesse sentido, por exemplo, Fernando Facury Scaff que, tratando dos recursos para o financiamento dos direitos sociais, primeiro argumento acima indicado, afirma:

> Ocorre que os recursos são escassos e as necessidades infinitas. Como o sistema financeiro é um sistema de vasos comunicantes, para se gastar de um lado precisa-se retirar dinheiro de outro. Assim, seguramente, mais verbas para o ensino fundamental pode implicar em menos verbas para o ensino superior; e a mesma disputa financeira pode ocorrer no custeio da saúde pública. Nestes casos, a *discricionariedade do legislador* está presente. (destaque do autor)[30]

Outro que caminha no mesmo sentido, tratando do direito à saúde, é Gustavo Amaral, para quem, "[...]administrar, em termos de saúde, é gerir recursos limitados para atender necessidades ilimitadas. As necessidades são ilimitadas porque a existência humana é limitada, assim, a luta pela saúde é, em última instância, a luta contra o inexorável"[31].

---

(28) *Teoria geral dos direitos humanos na ordem internacional.* Rio de Janeiro: Renovar, 2005. p. 248.

(29) É que são eles, via de regra, os que se classificam como direitos a prestações, conforme divisão vista ao final do item 2.2.

(30) SCAFF, Fernando Facury. A efetivação dos direitos sociais no Brasil: garantias constitucionais de financiamento e judicialização. In: SCAFF, Fernando Facury; ROMBOLI, Roberto; REVENGA, Miguel (Coord.). *A eficácia dos direitos sociais.* São Paulo: Quartier Latin, 2010. p. 29.

(31) AMARAL, Gustavo. Saúde direito de todos, saúde direito de cada um: reflexões para a transição da práxis judiciária. In: NOBRE, Milton Augusto de Brito e SILVA, Ricardo Augusto Dias da (Coord.). *O CNJ e os desafios da efetivação do direito à saúde.* Belo Horizonte: Fórum, 2011. p. 92.

Voltando a Fernando Facury Scaff, agora em relação ao último argumento, e também tratando do direito à saúde, leciona o autor:

> É nítido que este preceito determina um direito à saúde através de *"políticas sociais e econômicas"*, porém a interpretação que vem sendo dada a este preceito é a de que este é um direito individual, que pode ser gozado diretamente por cada indivíduo, e não através da implementação de uma *política pública*. *Aprisiona-se o interesse social e concede-se realce ao direito individual*. (destaques todos do autor)[32].

No mesmo sentido, e de novo em relação à saúde, mas salientando uma ação que "transcenda" as demandas individuais, é o pensamento de Antonio Moreira Maués, que defende que pode o Judiciário atuar, desde que não respalde, por exemplo, "tratamentos não previstos oficialmente", cabendo-lhe colaborar "com a distribuição mais equitativa dos bens relacionados à saúde". Para esse autor, fica claro, o papel do Judiciário nas questões envolvendo o direito à saúde deveria estar voltado para que a discussão a respeito se dê, prioritariamente, no que chama de "campo por excelência" para as decisões em matéria de saúde, que é o "das leis orçamentárias"[33].

Outro que se posiciona de forma semelhante é o já citado Gustavo Amaral, que postula no sentido de que o Judiciário deve decidir para além da adjudicação em favor do autor envolvido diretamente no feito, impondo obrigações, "dentro de prazos e balizas postas [...] como técnica de solução"[34].

Respeitando a honestidade intelectual dos que defendem essas posições, penso que elas partem de premissas que não são as mais adequadas, embora aparentemente sejam corretas, chegando, como era de se esperar, a conclusões que não são as que favorecem o sujeito protegido no caso dessas normas, que é o ser humano.

Penso que a primeira questão a ser considerada é que os direitos sociais, ou quaisquer outros que tenham natureza de direito a prestações, são Direitos Humanos e, no plano interno, no Brasil, Direitos Fundamentais.

Isso significa que é dever, especialmente, do Estado, embora não somente dele, adotar as medidas necessárias para esses direitos estejam disponíveis para

---

(32) SCAFF, Fernando Facury. A efetivação dos direitos sociais no Brasil: garantias constitucionais de financiamento e judicialização. In: SCAFF, Fernando Facury; ROMBOLI, Roberto; REVENGA, Miguel (Coord.). *A eficácia dos direitos sociais*. São Paulo: Quartier Latin, 2010. p. 30.

(33) MAUÉS, Antonio Moreira. Problemas da judicialização do direito à saúde no Brasil. In: SCAFF, Fernando Facury; ROMBOLI, Roberto; REVENGA, Miguel (Coord.). *A eficácia dos direitos sociais*. São Paulo: Quartier Latin, 2010. p. 270-271.

(34) AMARAL, Gustavo. Saúde direito de todos, saúde direito de cada um: reflexões para a transição da práxis judiciária. In: NOBRE, Milton Augusto de Brito e SILVA, Ricardo Augusto Dias da (Coord.). *O CNJ e os desafios da efetivação do direito à saúde*. Belo Horizonte: Fórum, 2011. p. 111-112.

todas as pessoas. É necessário, também, entender que os direitos, embora classificados como sociais, produzem efeitos em relação a cada um dos indivíduos, não sendo possível raciocinar apenas pelo prisma coletivo.

Pensar diferente é imaginar que o ser humano, em relação aos direitos sociais, como saúde, educação, trabalho, assistência etc., é somente e sempre parte de um todo, e que basta uma política geral para que o direito seja preservado, como se os problemas no exercício de cada um desses direitos não se manifestassem de maneira individualizada em cada pessoa; como se as necessidades de todos fossem sempre as mesmas. É óbvio que não é assim.

Por esse motivo, não obstante deva o Estado planejar e executar serviços que concedam os direitos sociais a todos, concretamente cada pessoa estabelecerá com cada bem da vida uma relação de caráter individual.

As políticas gerais, então, não desobrigam o Estado de se relacionar, nas medidas das necessidades das pessoas, com cada um dos indivíduos, a partir de demandas concretas para o exercício de seus direitos.

Assim é que, por exemplo, ao lado do interesse de toda a coletividade de ter o Estado realizando todas as ações necessárias para a preservação da saúde de todos, há o interesse de cada indivíduo de ter a sua própria saúde garantida, por meio das ações convenientes para o seu caso concreto.

Nesse sentido é o que afirma Ingo Wolfgang Sarlet:

> [...] o que satisfaz o mínimo existencial guarda relação com necessidades físicas e psíquicas que, embora comuns às pessoas em geral, não podem levar a uma padronização excludente, pois o que o direito à saúde assegura – mesmo no campo dos assim designados direitos derivados a prestações (!!!), não é necessariamente o direito ao tratamento limitado a determinado medicamento ou procedimento previamente eleito por essa mesma política, mas sim, o direito ao tratamento para a doença [...][35]

É por isso que há um direito subjetivo de cada indivíduo de exigir do Estado as medidas específicas para garantir a concretização de todos os direitos sociais, e na medida em que isso, de fato, garantir a realização do direito, e não somente aquilo que o Estado pretender prestar, e na proporção que quiser prestar[36].

---

(35) SARLET, Ingo Wolfgang. A titularidade simultaneamente individual e transindividual dos direitos sociais analisada à luz do exemplo do direito à proteção e promoção da saúde. In NOBRE, Milton Augusto de Brito e SILVA, Ricardo Augusto Dias da (Coord.). *O CNJ e os desafios da efetivação do direito à saúde*. Belo Horizonte: Fórum, 2011. p. 141.

(36) Defender que caiba ao Estado determinar onde e como vai atuar, no caso dos direitos sociais – previstos nos tratados de Direitos Humanos ou na Constituição da República, e com a indicação de que é do ente público, em seus diversos níveis, a obrigação primeira de proporcioná-los –, é desvirtuar,

A respeito do assunto, Celso Antônio Bandeira de Mello, tratando genericamente do direito subjetivo do administrado em relação ao Poder Público, afirma que este existe quando:

> (a) a ruptura da legalidade cause ao administrado um agravo pessoal do qual estaria livre se fosse mantida íntegra a ordem jurídica ou
>
> (b) lhe seja subtraída uma vantagem a que acederia ou que pretenderia aceder nos termos da lei e que pessoalmente desfrutaria ou faria jus a disputá-la se não houvesse ruptura da legalidade, *nada importando que a ilegalidade arguida alcance a um ou a um conjunto de indivíduos conjuntamente afetados, por se encontrarem na mesma situação objetiva e abstrata.* (destaque do autor)[37]

E mais adiante, o mesmo autor registra que, se não houvesse a possibilidade de se fazer a correção, pela via judicial, das violações aos direitos das pessoas, os princípios da legalidade e da isonomia de pouco valeriam[38].

Já Ingo Wolfgang Sarlet, tratando especificamente do direito fundamental à saúde, embora afirme a preferência pela tutela coletiva, do ponto de vista dos objetivos que podem ser alcançados, deixa claro que há uma titularidade – "no que diz com a condição de sujeito de direitos subjetivos" – ao mesmo tempo individual e transindividual[39].

De outro lado, sem fazer distinções, mas propondo uma busca mais intensa da tutela jurisdicional, tanto no plano individual como no coletivo, está Flávia Piovesan, que entende que,

> É necessário [...] avançar em estratégias de litigância no âmbito nacional, que otimizem a justiciabilidade e a exigibilidade dos direitos econômicos e sociais, como verdadeiros direitos públicos subjetivos, por meio do *empowerment* da sociedade civil e de seu ativo e criativo protagonismo[40].

---

senão aniquilar, a ideia de que, nestes casos, o Estado tem de ser visto como um prestador de serviços, e que não tem sua existência justificada senão para prestar serviços públicos essenciais à comunidade.

(37) BANDEIRA DE MELLO, Celso Antônio. *Eficácia das normas constitucionais e direitos sociais*. 1. ed. 3. tiragem. São Paulo; Malheiros Editores, 2011. p. 43-44.

(38) *Ibidem*, p. 46.

(39) SARLET, Ingo Wolfgang. A titularidade simultaneamente individual e transindividual dos direitos sociais analisada à luz do exemplo do direito à proteção e promoção da saúde. In: NOBRE, Milton Augusto de Brito e SILVA, Ricardo Augusto Dias da (Coord.). *O CNJ e os desafios da efetivação do direito à saúde*. Belo Horizonte: Fórum, 2011. p. 143-144.

(40) PIOVESAN, Flávia. Justiciabilidade dos direitos sociais e econômicos: desafios e perspectivas. In: CANOTILHO, J. J. Gomes; CORREIA, Marcus Orione Gonçalves; CORREIA, Érica Paula Barcha (Coord.). *Direitos fundamentais sociais*. São Paulo: Saraiva, 2010. p. 69.

No plano jurisprudencial, observa-se uma tendência dos tribunais, a começar do Supremo Tribunal Federal (STF), de reconhecer o direito de as pessoas pleitearem, individualmente, em juízo, as prestações que entendem devidas pelo Estado em matéria de direitos sociais, tendência que, penso, deve ser ampliada cada vez mais[41].

Cumpre registrar que, reconhecer o direito individual de pleitear um direito social, definido como humano ou como fundamental, contra o Estado em juízo, não é, ao contrário do que por vezes é afirmado, uma visão elitizante, no sentido de que, assim entender favorece os com mais recursos, e que podem mais facilmente demandar em juízo. Pelo contrário, favorece os que têm menos e, portanto, não podem suportar, ao menos no total, o custo da prestação do serviço, o custo necessário para ter o direito concedido.

A propósito, é preciso observar que, nada há de incorreto em discutir, judicialmente, questões na esfera individual; afinal é, ao fim e ao cabo, o indivíduo que será beneficiado ou prejudicado com as medidas do governo. Além do mais, as ações coletivas nem sempre serão hábeis para prevenir ou reparar todas as lesões, pois, podem investir contra situações gerais, mas, dificilmente serão suficientes para reparar todas as lesões causadas a cada um dos indivíduos, e, muito menos serão hábeis em casos de urgência[42].

Essa é uma das formas, embora não a única, de dizer não à discricionariedade estatal. Afinal, as políticas públicas decorrem de mandamentos previstos no ordenamento, não são criações, sem base alguma, dos governantes. As ações estatais devem obedecer à lógica da prestação dos Direitos Humanos que o Estado assumiu, ao incorporar os respectivos tratados, e dos Direitos Fundamentais, ambos de forma plena, e não à lógica mesquinha dos governos, mais preocupados com seus projetos de poder.

Dois exemplos: é habitual o fornecimento – seletivo – de medicamentos para algumas enfermidades graves, enquanto que para outras, também graves, não. Ora, permitir essa discricionariedade é aceitar que o governo tem o direito de dizer que doença vai ser tratada, e quem deve ou não viver, o que é, sob qualquer ótica, ina-

---

(41) Para uma análise a respeito das decisões judiciais a respeito, especialmente do STF, ver Mendes (MENDES, Gilmar Ferreira, e BRANCO, Paulo Gustavo Gonet. *Curso de direito constitucional*. 6. ed. São Paulo: Saraiva, 2011. p. 709-712) e Piovesan (Justiciabilidade dos direitos sociais e econômicos: desafios e perspectivas. In: CANOTILHO, J. J. Gomes; CORREIA, Marcus Orione Gonçalves; CORREIA, Érica Paula Barcha (Coord.). *Direitos fundamentais sociais*. São Paulo: Saraiva, 2010. p. 58-62).

(42) Isso reconhece, por exemplo, Scaff, quando, embora diga que não é papel do Poder Judiciário substituir o Legislativo, afirma que, "É certo que muitas medidas de caráter urgente devem ser proferidas visando salvar vidas ou resolver situações emergenciais" (SCAFF, Fernando Facury. A efetivação dos direitos sociais no Brasil: garantias constitucionais de financiamento e judicialização. In: SCAFF, Fernando Facury; ROMBOLI, Roberto; REVENGA, Miguel (Coord.). *A eficácia dos direitos sociais*. São Paulo: Quartier Latin, 2010. p. 29).

ceitável. É comum, também, que os governos estaduais façam opções em relação aos municípios e regiões que estão em seu território, decidindo quem vai receber maiores investimentos em educação, gerando claro desnível na formação dos alunos dos colégios públicos, o que é, também, inaceitável.

Mas, não é só a questão de decidir se tal e qual direito configura direito subjetivo individual que se precisa discutir. É que há outros argumentos para negar a realização dos Direitos Humanos, como visto, de forma breve, mais acima. Volto a eles.

Começo com o que tem relação com a atuação judicial, e se refere à alegação de que, ao decidir a respeito de questões que envolvem políticas públicas, o Poder Judiciário violaria o princípio da separação dos poderes, além de que haveria ofensa à própria noção de democracia, pois a legitimidade para criar e executar políticas públicas seria dos Poderes Executivo e Legislativo.

Quanto à primeira parte do argumento, não há qualquer razão para o seu manejo. O Poder Judiciário, quando julga ações em que se discute o desrespeito a Direitos Humanos está agindo exatamente da forma que lhe cabe, ou seja, como o Poder do Estado a quem compete solucionar conflitos de interesse qualificados, via de regra[43], por lesão ou ameaça de lesão a direito[44].

Não há, então, invasão da esfera de atuação de outros Poderes do Estado, ainda que o Poder Judiciário, no caso concreto, fixe condições para o exercício do direito postulado, em condições distintas das previstas pelo Poder Executivo, por exemplo. É que, ao assim agir, o que o Judiciário faz é indicar as condições para que o direito violado seja reparado, e isso não significa atuação como outro Poder, mas sim o puro e simples exercício da jurisdição.

Da mesma forma, não há ofensa à democracia, a não ser que se trabalhe com a limitada ideia de democracia majoritária, em que basta que se tenha a deliberação dos membros do Parlamento, respeitada a forma prescrita, e com respeito à vontade da maioria, para que se aperfeiçoe a ideia. Não, a concepção de democracia que deve ser levada em consideração é a que se tem denominado de democracia constitucional, e que, resumindo, conjuga a noção da regra da

---

(43) É que, às vezes, o conflito não é jurídico, mas, como se denomina, econômico, caso dos dissídios coletivos de natureza econômica, previstos no art. 114, § 2º, da constituição da República. Ver a respeito do meu livro *Direito sindical* (4. ed. 2. tiragem. São Paulo: LTr, 2012).

(44) Duas situações, para demonstrar essa afirmação: se um particular contrata outro particular para que lhe preste um serviço na área educacional, por exemplo, paga por isso, e não recebe o serviço, não há dúvidas que de tem legitimidade para exigir em juízo essa prestação, ou a reparação pelo dano. De outra banda, se o Estado está obrigado a oferecer educação básica às pessoas, e não faz, da mesma forma pode ser acionado em juízo para fazê-lo, pois a situação é idêntica: há uma lesão jurídica, e que pode ser objeto de demanda judicial para sua reparação. Nos dois casos, o poder Judiciário age da mesma forma, como o Poder encarregado de solucionar conflitos de interesse, não importando que, no primeiro caso a questão envolva particulares, nos dois polos e, no segundo, um particular e um ente público.

maioria com o respeito aos direitos básicos dos seres humanos, materializados enquanto Direitos Fundamentais ou como Direitos Humanos[45].

A esse respeito afirma Ana Paula de Barcellos:

> [...] Cumpre esclarecer que democracia não é sinônimo de regra majoritária, e a história é pródiga em exemplo de maiorias totalitárias, sendo os dois mais recentes e famosos a Assembléia Jacobina do período do Terror na Revolução Francesa e as maiorias nazista e facista. A democracia exige mais do que apenas a aplicação da regra majoritária. É preciso que, juntamente com ela, sejam respeitados os direitos fundamentais de todos os indivíduos, façam eles parte da maioria ou não[46].

Assim, ainda que se tenha de respeitar as deliberações tomadas pelo Parlamento, isso não prevalece se o que foi decidido atenta contra direitos essenciais da pessoa. Nesse caso, é plenamente justificável a atuação jurisdicional quando se trata de proteger as pessoas de deliberações do Estado que invadem o que chama Ronald Dworkin de questões insensíveis à escolha, pois, em oposição, o que pode ser objeto de atuação parlamentar são as questões sensíveis à escolha[47].

---

(45) Ver a respeito, de Hirohito Diego Athayde Arakawa, o texto *Democracia, poder majoritário e contramajoritário*: o debate teórico sobre a revisão judicial. Belém, Dissertação de mestrado defendida no PPGD-UFPA, 2014.

(46) *A eficácia jurídica dos princípios constitucionais*: o princípio da dignidade da pessoa humana. Rio de Janeiro: Renovar, 2002. p. 227.

(47) Ver a respeito, de Ronald Dworkin, o capítulo 4 do livro *A virtude soberana*: a teoria e a prática da igualdade (2 ed. Tradução de Jussara Simões. São Paulo: Editora WMF Martins Fontes, 2011). Observe-se que é comum chamar as questões insensíveis à escolha de questões de princípio, e as questões sensíveis à escolha de questões de política. Sobre a discussão a respeito da atuação do Poder Judiciário nas questões envolvendo Direito Humanos, ver, também, de Francisco Verbic, o texto intitulado *Human Rights adjudication in contemporary democracies: Courts' specific moral insight as a decisive advantage over legislatures (a modest and partial response to Jeremy Waldron's core case against judicial review)*. Brasília, Revista Jurídica da Presidência, v. 13, n. 100, p. 201-226, jul./set. 2011. Finalmente, para entender a diferença em relação às questões, observe-se dois exemplos: primeiro, o Congresso Nacional deliberou, inserindo na versão original da Lei n. 8.078/90, que a responsabilidade dos profissionais liberais é subjetiva. Essa deliberação não atenta contra questões insensíveis à escolha, sendo o que se chama de questão de política. Nesse caso, a deliberação parlamentar é válida, embora outras respostas pudessem ter sido dadas, uma vez que a decisão pertencia legitimamente aos parlamentares. Segundo, o Congresso Nacional delibera que o serviço de saúde só será disponibilizado pelo Estado para os que comprovarem atividade remunerada e contribuição para a seguridade social, nos locais em que há falta de recursos para atender a todos. Essa deliberação ofende a disposição constitucional que garante a saúde para todos, independentemente de pagamento ou contribuição, bem como a disposição que não permite discriminações, entre outros preceitos. Nesse caso, não se trata de uma questão sensível à escolha dos parlamentares, e sim uma questão de princípio. No primeiro caso a revisão judicial para impugnar a deliberação não é possível, mas, no segundo caso, a resposta é claramente sim, tanto em ação que pretenda invalidar a norma para todos, como em ação individual, de pessoa que tem o seu direito obstado pela inconstitucional deliberação legislativa.

Outros argumentos, agora de ordem nitidamente econômica – reserva do possível e impossibilidade material –, dizem respeito aos limites dos recursos à disposição do Estado, o que deveria nortear a aplicação das políticas até o limite do que pudesse ser dispendido.

A esse respeito, Sandoval Alves da Silva, tratando dos direitos sociais, afirma:

> No caso dos direitos fundamentais sociais ou de segunda dimensão, é preciso observar a teoria da reserva do possível, pois as prestações positivas fornecidas pelo Estado devem encontrar limites na riqueza nacional ou na situação econômica de um país, visto que não se deve acreditar na utópica inesgotabilidade dos recursos públicos e, por conseguinte, na viabilidade de atendimento de todas as necessidades sociais e na possibilidade de garantir a total felicidade do povo[48].

Já Ana Paula de Barcellos, tratando a reserva do possível e dos direitos que podem ser pleiteados, dispõe que, "é importante lembrar que há um limite de possibilidades materiais para esses direitos. Em suma: pouco adiantará, do ponto de vista prático, a previsão normativa ou a refinada técnica hermenêutica se absolutamente não houver dinheiro para custear a despesa gerada por determinado direito subjetivo"[49].

Não concordo com essa argumentação, por pelo menos duas razões.

Primeiro, e essa é a razão mais singela, porque a questão dos recursos não é exatamente de sua limitação, que até existe, mas sim diz respeito à forma com que são aplicados. Recursos sempre houve, e em quantidade significativa. O Estado, atualmente, bate sucessivamente recordes de arrecadação, e isso em nada modifica sua inércia na implementação de políticas que efetivamente gerem resultados positivos nas áreas da saúde, educação, segurança, assistência e outras. O que se vê é o direcionamento do "excesso" para outras áreas, não relacionadas aos Direitos Humanos e aos Direitos Fundamentais.

Quando assim não era, o que mais se via – e vê – era desperdício ou o direcionamento de recursos para setores não essenciais. Ora, o fato de terem sido concedidos, pela população, mandatos para administradores e legisladores, não faz com que estes possam executar as ações ao seu talante, em detrimento do que foi estabelecido como básico.

Mas, esse é um argumento também econômico e, não obstante seja suficiente para retirar validade à alegação de existência de recursos limitados, deve ser reforçado pelo principal argumento, de natureza jurídico-política.

---

(48) *Direitos sociais*: leis orçamentárias como instrumento de implementação. Curitiba: Juruá Editora, 2007. p. 183.

(49) *A eficácia jurídica dos princípios constitucionais*: o princípio da dignidade da pessoa humana. Rio de Janeiro: Renovar, 2002. p. 236-237.

Os tratados de Direitos Humanos e o texto constitucional elencam, de forma clara e expressa, quais são as prioridades do Estado em relação ao bem-estar da população, dispondo-as na forma de Direitos Humanos e de Direitos Fundamentais, que são, como visto, de aplicação imediata.

O Estado, mesmo a prevalecer a ideia da escassez de receita, está obrigado a utilizar os recursos, de forma prioritária, no atendimento desses direitos.

André de Carvalho Ramos, a respeito, afirma que "a recusa na aplicabilidade dos direitos sociais e na responsabilização do Poder Público pela omissão na implementação dos mesmos não pode mais ser embasada na falta de recursos materiais por parte do Estado"[50].

A não ser assim, ou seja, em não sendo utilizados os recursos disponíveis para a concessão dos direitos essenciais da pessoa, estará o Estado deturpando a razão de sua própria existência, agindo como ente divorciado da sociedade e, assim, como se fosse um fim em si mesmo.

Por outro lado, caso seja necessário elevar a contribuição da coletividade – o que não me parece seja demonstrado –, que seja feito. O que não pode ocorrer é a utilização de um argumento econômico para vedar o que é definido como essencial, como indispensável.

Por fim, usa-se com frequência o argumento de que o planejamento financeiro do Estado é uma imposição constitucional, assim como o fato de que o orçamento tem regras rígidas, como, por exemplo, a impossibilidade de início de programas ou projetos não incluídos na lei orçamentária, ou o fato de que não se pode fixar despesas que não tenham a correspondente receita.

Por essa argumentação, não poderia o Estado conceder direitos que não houvesse previsto na lei orçamentária, sendo inconstitucionais decisões judiciais que fixassem obrigações de pronto cumprimento, sem inclusão no orçamento.

Embora aqui exista a aparência de que o argumento encontra amparo no Direito, é somente aparência. É que, só se pode considerar o orçamento como válido, no plano jurídico, se ele contiver previsão de concretização dos direitos básicos das pessoas.

Ana Paula de Barcellos apresenta solução que pretende equacionar a questão da necessidade de previsão orçamentária com a necessidade de se ter os direitos garantidos, optando por uma versão reduzida destes, que seria a de se prever os recursos necessários para garantir o mínimo existencial e, só depois disso, aplicar os recursos remanescentes em outros projetos[51].

---

(50) *Teoria geral dos direitos humanos na ordem internacional*. Rio de Janeiro: Renovar, 2005. p. 235.

(51) *A eficácia jurídica dos princípios constitucionais*: o princípio da dignidade da pessoa humana. Rio de Janeiro: Renovar, 2002. p. 246.

De certa forma essa solução é também a preconizada por Sandoval Alves da Silva, que prescreve que se deve

[...] compatibilizar as teorias da reserva do possível ou da impossibilidade material, com o mínimo existencial dos direitos fundamentais de segunda dimensão, bem como com as dívidas contraídas, para que não se tenha prevalência de uma atividade governamental, nos termos do princípio da programação, de forma a não contrariar os dispositivos constitucionais que o consagram[52].

Penso que não é suficiente. A lei orçamentária deve, obrigatoriamente, prever a realização, pelo Estado, de todos os direitos que os tratados de Direitos Humanos e a Constituição da República definiram como imprescindíveis, e não somente o que se concebe como mínimo existencial, sob pena de ser ela considerada inconstitucional, pois, ao contrário, estar-se-ia diante da situação de entender que o Estado poderia, por lei orçamentária, alterar as normas mais importantes do ordenamento jurídico, dizendo o que é essencial e o que não é.

Aqui é importante frisar que não se está a negar a possibilidade de o Estado fixar as condições de exercício dos direitos, especialmente dos direitos sociais, pois ele evidentemente tem essa possibilidade. O que se está a dizer é que a margem de discricionariedade do Estado vai até o ponto em que ele pode dizer em que condições irá atender esses direitos, mas não ao limite de dizer que não vai atendê-los.

De qualquer sorte, não se tome isso como uma concessão ao Estado, no sentido de que, prevista a realização de todos os direitos essenciais da pessoa no orçamento, não se poderia exigir algo além do previsto. É que, mesmo essa margem de discricionariedade do Estado, acima reconhecida, não será capaz de impedir a exigência de qualquer direito, desde que o interessado seja capaz de demonstrar, ao mesmo tempo, que os projetos e programas previstos não atendem suas necessidades, e que há previsão em norma definindo o direito exigido.

Nesse caso, esteja a atuação requerida prevista ou não no orçamento, deve o Estado implementá-la. Caso isso seja necessário de imediato, deverá ocorrer mesmo sem a previsão expressa no orçamento. Para encerrar, antes que se diga que isso produziria um desequilíbrio nas contas públicas, o que, em si não seria suficiente para impedir a concretização de Direitos Fundamentais, é bom lembrar que já há previsão orçamentária, hoje, em dia, de que uma parte da receita seja utilizada para cumprir decisões judiciais que impõem o pronto cumprimento. Basta, ao destinar essa parte da receita, levar em consideração as demandas relativas ao cumprimento dos Direitos Humanos e dos Direitos Fundamentais.

O que não se pode é, qualquer que seja o argumento, e todos os acima apresentados são refutáveis, negar realização aos Direitos Humanos, como se fossem direitos de menor importância, o que, definitivamente, não é o caso.

---

(52) *Direitos sociais*: leis orçamentárias como instrumento de implementação. Curitiba: Juruá Editora, 2007. p. 192.

7

CONSIDERAÇÕES FINAIS

Neste último e breve capítulo, tenho um objetivo definido: dar uma visão mais clara do que foi visto nos capítulo anteriores, ou de parte do que foi visto. É uma afirmação perigosa, porque pode ser entendida, pelos leitores deste livro, como o reconhecimento, feito por mim mesmo, de que o texto não é claro o suficiente.

Não é, todavia, o que quero dizer. É que, como tenho advertido, especialmente, meus alunos de graduação, na disciplina Direitos Humanos, a apresentação desta temática é, em certa medida, prejudicada porque seus principais institutos e intituições estão imbricados, um servindo ao outro, um apoiando o outro, o que pode, em primeiro momento, exigir a apresentação de uma questão sem que todos os elementos que lhe dão apoio estejam já discutidos.

Isso impõe, em relação aos primeiros temas, apresentá-los de forma ainda parcial, ou, às vezes, incluindo um elemento ainda não esclarecido. É o caso, por exemplo, da definição de Direitos Humanos, em que faço, primeiro, direta relação com a dignidade da pessoa humana e, depois, com o plano de vida das pessoas, mesmo que, no capítulo em que trato da definição, ainda não tenham sido discutidas essas duas questões, que são decisivas para dar consistência à ideia que quero expor.

Agora, expostos todos os temas que elegi, penso que é possível apresentar essas mesmas questões de forma mais completa. Isso não quer dizer que pretendo, aqui, fazer somente um resumo do que foi exposto anteriormente, mas sim que pretendo deixar mais claras algumas poucas questões que ainda podem gerar dúvidas, especialmente em relação à minha percepção a respeito.

Além do mais, como disse ao início do estudo, foram feitas opções, mas não somente teóricas, e sim de temas, pelo que me concentrei em expor, com mais profundidade, o que me pareceu mais relevante para a primeira compreensão dos Direitos Humanos.

Isso gera lacunas, que pretendo, ainda que parcialmente, sanar agora. Não necessariamente para introduzir novos temas, o que não cabe mais, salvo um, como será visto adiante, mas para, principalmente, dar o mínimo de suporte a algumas questões que foram colocadas ao longo do texto, sem que se esgotassem todas as discussões possíveis.

Tudo isso, explico, serve para que eu possa, agora de forma mais comprimida e dirigida, dar conta de tentar responder à indagação que apresentei no Capítulo 1: qual a melhor concepção de Direitos Humanos?

Embora essa resposta tenha sido apresentada ao longo do texto, quero apresentar outra, mais direta, agora, a partir da confirmação das afirmações que fiz, que foram: primeiro, que há uma única concepção adequada de Direitos Humanos; segundo, que isso decorre do fato de existir um único fundamento para os Direitos Humanos; e, terceiro, que se deve invocar uma única teoria de justiça como apta a sustentar uma ideia completa de Direitos Humanos.

Começo dizendo que, não obstante se venha utilizando a expressão Direitos Humanos de diversas formas, a melhor concepção só pode ser a única que expressa o seu verdadeiro sentido, o de ser um conjunto de direitos que pertencem a todos os seres humanos, em todos os locais do planeta.

Fica claro, então, que, só cabe falar em Direitos Humanos se eles forem entendidos como universais, pois qualquer outro uso desnatura o sentido da expressão, além de fazer exclusões inaceitáveis.

Isso não significa, todavia, desprezar as culturas. Pelo contrário, o reconhecimento da importância das culturas deve ocorrer, pois essa é a forma possível de se ter uma pauta mínima de direitos aplicada em todo o mundo, como observado no Capítulo 5, item 1. O que não se pode é ter, a pretexto de respeitar um determinado padrão cultural, violados direitos básicos das pessoas.

De igual forma, é preciso compreender que a diversidade das pessoas, e dos grupos que compõem as sociedades, também vai impor que os mesmos direitos, para serem fruídos, às vezes deverão ser concedidos de formas distintas, ou, em outros casos, deverão ser atribuídos somente a pessoas com uma condição particular, como é o caso dos Direitos Humanos que são específicos dos que vivem de sua força de trabalho, e compõem conjunto mais limitado, e que se convencionou chamar de trabalho decente[1].

---

(1) Ver a respeito o meu livro *trabalho decente*.(3. ed. São Paulo: LTr, 2013.

Por outro lado, os Direitos Humanos são formados sob o signo de sua indispensabilidade, de sua essencialidade para a proteção do principal atributo da pessoa humana, que é a dignidade, fundamento e primeiro pressuposto dos direitos básicos da pessoa humana.

De fato, a dignidade é o elemento principal de toda essa discussão, pois é ela, ou melhor, sua proteção, que justifica a existência desse conjunto que se denomina Direitos Humanos, balizando, por meio deles, a conduta humana que pode significar, ou não, a instrumentalização do outro.

Uma ideia completa de Direitos Humanos, todavia, especialmente na perspectiva de sua realização, não se esgota na dignidade.

É preciso que outros dois pressupostos sejam agregados. Primeiro, é necessário que igualdade e liberdade, esses dois ideais políticos tão importantes, mas que via de regra são colocados em conflito, tenham igual valor. É que eles são indispensáveis à vida de qualquer pessoa, não podendo ser vistos em oposição, assim como não podem, um ou outro, ser sacrificados, a partir de visões míopes que só enxergam esses ideais caso um se imponha sobre o outro. As pessoas não podem ter uma vida boa em um ambiente de desigualdade, mas, também, não podem igualmente viver bem se não são livres.

É preciso, dessa feita, que esses dois ideais sejam pensados e garantidos em conjunto, dando às pessoas os direitos necessários para o cumprimento de seus planos de vida, qualquer que seja o plano de vida, pois somente eles, em conjunto, permitem que as pessoas possam fazer prevalecer seus interesses críticos e volitivos, para tentar realizar o que desejarem realizar.

Mas ainda há um último pressuposto, que é a adoção de um modelo de justiça específico, a justiça distributiva, e nos moldes do que é defendido pelos liberais de princípios, que tornam compatíveis igualdade e liberdade, como foi defendido logo acima, e fixam que há um mínimo de direitos, até de índole material, que devem ser concedidos a todas as pessoas, sendo o Estado o principal obrigado, embora não só ele, como é o caso, por exemplo, dos empregadores, que têm responsabilidades em relação aos trabalhadores no tocante a direitos que são essenciais a estes.

Por isso, natural assumir o liberalismo de princípios, dentro das principais concepções de justiça, como a que melhor sustenta uma ideia completa de Direitos Humanos, até quanto à realização destes.

Não é só, entretanto, pois as ideias de Rawls e Dworkin são, também, justificadoras para a própria concepção de Direitos Humanos.

Antes de chegar a isso, entretanto, quero lembrar que até pouco tempo havia autores que negavam a existência dos Direitos Humanos, ou, pelo menos de um fundamento comum que justificasse a existência desse conjunto, ou até, como lembra Fernanda Duarte Lopes Lucas da Silva, que houvesse utilidade em uma fundamentação que o justificasse[2].

A propósito da segunda e da última hipóteses, é só lembrar de Bobbio, o que foi discutido no início do Capítulo 3. Já na primeira, pode-se citar Alasdair Macintyre[3], um comunitarista citado por Álvaro de Vita, e que, expressamente nega a existência dos Direitos Humanos:

> [...] a verdade é clara: esses direitos não existem, e a crença neles é do mesmo tipo que a crença em bruxas e unicórnios.
>
> Com efeito, a melhor razão para afirmar tão rudemente que não existem direitos como esse é exatamente do mesmo tipo que a melhor razão que temos para asseverar que bruxas não existem e unicórnios não existem: toda e qualquer tentativa de oferecer boas razões para se acreditar que esses direitos *existem* fracassou. [...] E o mais recente defensor desses direito, Ronald Dworkin (*Taking Rights Seriously*, 1976), admite que a existência de tais direitos não pode ser demonstrada, mas sobre isso diz simplesmente que do fato de uma afirmação não poder ser demonstrada não se segue que ela não seja verdadeira (p. 81). O que é correto, mas esse argumento poderia igualmente ser utilizado para defender proposições sobre bruxas e unicórnios[4].

A ideia de Direitos Humanos, todavia, se impôs, sendo necessário, entretanto, encontrar uma fundamentação para ela, ou melhor, para a natureza desses direitos[5].

Com variações, pode-se dizer que as explicações giram em torno de correntes subjetivistas, onde se destaca o positivismo, e objetivistas, em que há o jusnaturalismo e a corrente chamada de ética ou moral[6].

---

(2) Fundamentando os direitos humanos: um breve inventário. In: TORRES, Ricardo Lobo (Org.). *Legitimação dos direitos humanos*. Rio de Janeiro: Renovar, 2002. p. 133.

(3) Para uma visão mais completa das ideias deste autor sugiro ver MACINTYRE, Alasdair. *Justicia y racionalidad*. Tradución y presentación de Alejo José G. Sison. 2. ed. Madrid – España: Ediciones Internacionales Universitarias, 2001.

(4) *Justiça liberal*. Rio de Janeiro: Paz e Terra, 1993. p. 98-99.

(5) Não confundir com o fundamento dos Direitos Humanos, que é a dignidade da pessoa humana. Embora as questões estejam interligadas, são distintas. A dignidade, como fundamento dos Direitos Humanos, justifica sua existência. Já fundamentação é a palavra empregada pelos autores para determinar, ao fim, qual é a natureza dos Direitos Humanos, como ficará, penso, claro, nos parágrafos a seguir.

(6) Para Fernanda Duarte Lopes Lucas de Silva, as correntes subjetivistas "partem da ideia de que os juízos de valor, em especial os morais, não dizem respeito ao mundo do ser, e, portanto, não são passíveis de verificação, isto é, de comprovação empírica" (Fundamentando os direitos humanos: um breve inventário. In: TORRES, Ricardo Lobo (Org.). *Legitimação dos direitos humanos*. Rio de Janeiro: Renovar, 2002. p. 113). Já, para a mesma autora, as correntes objetivistas "são aquelas que afirmam, em premissas gerais, a existência de uma ordem de valores, regras ou princípios que possuem validez objetiva, absoluta e universal, independentemente da experiência dos indivíduos ou de sua consciência valorativa" (*Ibidem*, p. 120).

Tratando primeiro do positivismo, conforme André de Carvalho Ramos, "os Direitos Humanos justificam-se graças a sua validade formal"[7], sendo a existência da norma positivada que faz nascer esses direitos[8]. É uma teoria a rejeitar para sustentar uma concepção de Direitos Humanos, até porque seria um conjunto com essa sustentação por demais frágil, além de dependente de maiorias de ocasião, o que não é cabível, em se tratando de direitos tidos como indispensáveis. Não que os direitos que compõem os Direitos Humanos sejam imutáveis, até porque nascem – e eventualmente podem perecer – a partir de uma consideração específica: são necessários para sustentar a dignidade da pessoa humana, mas, a concepção em si, penso, é perene, imutável; há de haver, sempre, um conjunto de direitos considerados essenciais aos seres humanos, e isso o positivismo não é capaz de sustentar.

Da mesma forma o jusnaturalismo, que André de Carvalho Ramos, ainda, define como a corrente "que sustenta que há normas anteriores e superiores ao direito estatal posto"[9]. Qualquer norma de conduta, escolhida racionalmente, é produto do ser humano, não sendo possível admitir direitos que existiriam naturalmente, em especial porque, caso assim fosse, necessariamente constituiriam um conjunto finito, o que é incompatível com a ideia de que os Direitos Humanos vão sendo reconhecidos na medida em que, em perspectiva histórica, vão-se tornando indispensáveis.

Já a corrente denominada de ética, acredito, pode ser objeto de aceitação com mais facilidade.

Comparato, aceitando essa corrente, imagino, entende que o

> [...]fundamento para a vigência dos direitos humanos [...] só pode ser a consciência ética coletiva, a convicção, longa e largamente estabelecida na comunidade, de que a dignidade da condição humana exige o respeito a certos bens e valores em qualquer circunstância[10].

A já citada Fernanda Lucas da Silva, a propósito, registra que, na fundamentação ética, os "direitos humanos são considerados como valores morais"[11], indicando que a principal crítica que a corrente recebe é que eles são "pré-institucionais", não dependem das instituições jurídicas, e "anulam a conveniente separação entre Direito e moral"[12].

---

(7) *Teoria geral dos direitos humanos na ordem internacional*. Rio de Janeiro: Renovar, 2005. p. 42.

(8) Para Fábio Konder Comparato, o positivismo sustenta-se no "postulado indemonstrado de que não há direito fora da organização estatal, ou do concerto dos Estados no plano internacional" (*A afirmação histórica dos direitos humanos*. São Paulo: Saraiva, 1999. p. 46).

(9) *Teoria geral dos direitos humanos na ordem internacional*. Rio de Janeiro: Renovar, 2005. p. 39.

(10) *A afirmação histórica dos direitos humanos*. São Paulo: Saraiva, 1999. p. 47.

(11) Fundamentando os direitos humanos: um breve inventário. In: TORRES, Ricardo Lobo (Org.). *Legitimação dos direitos humanos*. Rio de Janeiro: Renovar, 2002. p. 129.

(12) *Ibidem*, p. 132-133.

André de Carvalho Ramos chama essa corrente tanto de fundamentação moral como de fundamentação ética, aduzindo que ela "consiste no reconhecimento de condições imprescindíveis para uma vida digna e que se entroniza como princípio vetor do ordenamento jurídico"[13].

Um dos expoentes desta corrente é Ronald Dworkin. Conforme Mauricio Beuchot, esse autor, seguindo John Rawls, pretende adotar não um modelo naturalista, mas sim construtivista, ou seja, "en lugar de suponer que los principios y leyes morales se encuentran intuitivamente en la realidad, se van construyendo al paso que se elabora el sistema"[14]. Ainda assim, não se furta de dizer que, em seu entendimento, Dworkin não está longe de um certo jusnaturalismo[15].

Não me parece que, nesta parte, esteja Beuchot correto. O fato de Dworkin utilizar a palavra "natural" em um momento de seu discurso[16] não indica, penso, que esteja fazendo a defesa de um direito natural, mas sim tentando demonstrar que Rawls, quando faz a defesa da igualdade, o faz como um "complemento natural" da teoria da justiça como equidade, como um todo[17], ou seja, a palavra natural não está colocada como se a igualdade fosse um direito natural, mas sim como algo que é uma consequência lógica de outra ideia.

De qualquer sorte, Beuchot acerta quando indica que, para Rawls e Dworkin o modelo jusnaturalista teria dificuldades em admitir correções, "pues se supone que todo está dado y acabado"[18], o que eu já havia indicado linhas atrás, assim como quando aduz que, tanto um autor quanto o outro entendem os Direitos Humanos como direitos que estão para além da positivação jurídica, sendo entendidos como ínsitos na moral[19].

E isso fica mais claro se for entendido que os Direitos Humanos têm por fundamentação a própria ideia de justiça, especialmente a justiça distributiva, que é

---

(13) *Teoria geral dos direitos humanos na ordem internacional*. Rio de Janeiro: Renovar, 2005. p. 46.

(14) *Derechos humanos*: historia y filosofia. México: Distribuciones Fontamara, 1999. p. 10.

(15) *Ibidem*, p. 9.

(16) No texto de Beuchot, o período de Dworkin por ele transcrito é o seguinte: "Por lo tanto, podemos decir que la justicia como equidad descansa sobre el supuesto de un derecho natural de todos los hombres y de todas la mujeres a la igualdad de consideración y respeto, un derecho que poseen no en virtud de su nacimiento, sus características, méritos o excelencias, sino simplemente en cuanto seres humanos con la capacidad de hacer planos y de administrar justicia" (*Ibidem*, p. 14). Já na versão em português do livro de Dworkin, a redação é esta: "Logo, podemos dizer que a justiça enquanto equidade tem por base o pressuposto de um direito natural de todos os homens e as mulheres à igualdade de consideração e respeito, um direito que possuem não em virtude de seu nascimento, seus méritos, suas características ou excelências, mas simplesmente enquanto seres humanos capazes de elaborar projetos e fazer justiça" (*Levando os direitos a sério*. Tradução e notas de Nelson Boeira. São Paulo: Martins Fontes, 2002. p. 281).

(17) *Idem*.

(18) *Derechos humanos*: historia y filosofia. México: Distribuciones Fontamara, 1999. p. 10.

(19) *Ibidem*, p. 15.

defendida, como visto no Capítulo 4, tanto por Dworkin como, principalmente, por Rawls, ou seja, os Direitos Humanos fundamentam-se não em um direito natural que os seres humanos têm, ou por conta de normas que os regulem, mas sim porque é justo que as pessoas tenham direitos mínimos, básicos, qualquer que seja o esquema de cooperação social em que estejam inseridas, desde que ele se sustente na ideia de que todos devem ter, no mínimo, esse conjunto básico de direitos.

O liberalismo de princípios, dessa feita, é importante para além do que consta do Capítulo 4, pois também sustenta a própria natureza dos Direitos Humanos.

Encerrando, é importante enfatizar que toda essa discussão, independentemente das concepções que se adote, está baseada na premissa de que os seres humanos são merecedores, apenas porque são humanos, de direitos básicos, o que justifica não somente a existência desse conjunto que se denomina Direitos Humanos, mas a adoção de todas as práticas que signifiquem sua realização.

REFERÊNCIAS BIBLIOGRÁFICAS

ALVES, Cleber Francisco. *O princípio constitucional da dignidade da pessoa humana*: o enfoque da doutrina social da igreja. Rio de Janeiro: Renovar, Biblioteca de Teses, 2001.

ARAKAWA, Hirohito Diego Athayde. *Democracia, poder majoritário e contramajoritário*: o debate teórico sobre a revisão judicial. Belém, Dissertação de mestrado defendida no PPGD-UFPA, 2014.

ARISTÓTELES. *Ética a Nicômacos*. 3. ed. Tradução de Mário da Gama Kury. Brasília: Editora Universidade de Brasília, 2001.

BANDEIRA DE MELLO, Celso Antônio. *Eficácia das normas constitucionais e direitos sociais*. 1. ed. 3. tiragem. São Paulo: Malheiros Editores, 2011.

BARCELLOS, Ana Paula de. *A eficácia jurídica dos princípios constitucionais*: o princípio da dignidade da pessoa humana. Rio de Janeiro: Renovar, 2002.

BEUCHOT, Mauricio. *Derechos humanos*: historia y filosofia. México: Distribuciones Fontamara, 1999.

BOBBIO, Norberto. *A era dos direitos*. 16. tiragem. Tradução de Carlos Nelson Coutinho. Rio de Janeiro: Campus, 1992.

_____. *Direita e esquerda*: razões e significados de uma distinção política. 2. ed. Tradução de Marco Aurélio Nogueira. São Paulo: Editora Unesp, 2001.

BONAVIDES, Paulo. *Curso de direito constitucional*. 28. ed. São Paulo: Malheiros Editores, 2013.

BORGES, Maria de Lourdes; HECK, José (Org.). *Kant*: liberdade e natureza. Florianópolis: Ed. da UFSC, 2005.

BOUCAULT, Carlos Eduardo de Abreu; ARAUJO, Nadia (Orgs.). *Os direitos humanos e o direito internacional*. Rio de Janeiro: Renovar, 1999.

BRITO FILHO, José Claudio Monteiro de. *Discriminação no trabalho*. São Paulo: LTr, 2002.

_____. Direitos fundamentais sociais: realização e atuação do Poder Judiciário. *Revista do TRT da 8ª Região – Suplemento Especial Comemorativo*, Belém, v. 41, n. 81, p. 77-87, jul./dez./2008.
_____. *Direito sindical*. 4. ed. 2. tiragem. São Paulo: LTr, 2012.
_____. Direito fundamental à saúde: propondo uma concepção que reconheça o indivíduo como seu destinatário. *A Leitura/Caderno da Escola Superior da Magistratura do Estado do Pará*. Belém, v. 5, n. 9, p. 136-145, novembro/2012.
_____. *Trabalho decente*. 3. ed. São Paulo: LTr, 2013.
_____. *Ações afirmativas*. 3. ed. São Paulo: LTr, 2014.
CANOTILHO, J. J. Gomes; CORREIA, Marcus Orione Gonçalves; CORREIA, Érica Paula Barcha (Coord.). *Direitos fundamentais sociais*. São Paulo: Saraiva, 2010.
CASTILHO, Ricardo. *Justiça social e distributiva*: desafios para concretizar direitos sociais. São Paulo: Saraiva, 2009.
CITTADINO, Gisele. *Pluralismo, direito e justiça distributiva*: elementos de filosofia constitucional contemporânea. 4. ed. Rio de Janeiro: Lumen Juris, 2009.
COMPARATO, Fábio Konder. *A afirmação histórica dos direitos humanos*. São Paulo: Saraiva, 1999.
DWORKIN, Ronald. *Levando os direitos a sério*. Tradução e notas de Nelson Boeira. São Paulo: Martins Fontes, 2002.
_____. *A virtude soberana*: a teoria e a prática da igualdade. Tradução de Jussara Simões. São Paulo: Martins Fontes, 2005.
_____. *A virtude soberana*: a teoria e a prática da igualdade. 2. ed. Tradução de Jussara Simões. São Paulo: Editora WMF Martins Fontes, 2011.
ENCÍCLICAS E DOCUMENTOS SOCIAIS: da *rerum novarum* à *octogesima adveniens*. São Paulo: LTr, v. 1, 1991.
FERREIRA FILHO, Manoel Gonçalves. *Direitos humanos fundamentais*. São Paulo: Saraiva, 1999.
FLEISCHACKER, Samuel. *Uma breve história da justiça distributiva*. Tradução de Álvaro de Vita. São Paulo: Martins Fontes, 2006.
FLORES, Joaquín Herrera. *Teoria crítica dos direitos humanos*: os direitos humanos como produtos culturais. Tradução e revisão de Luciana Caplan e outros. Rio de Janeiro: Lumen Juris, 2009.
GARGARELLA, Roberto. *As teorias da justiça depois de Rawls*: um breve manual de filosofia política. Tradução de Alonso Reis Freire. São Paulo: WMF Martins Fontes, 2008.
GEERTZ, Clifford. *O saber local*: novos ensaios em antropologia interpretativa. 8. ed. Tradução de Vera Mello Joscelyne. Petrópolis – Rio de Janeiro: Vozes, 1997.
GUERRA FILHO, Willis Santiago (Coord.). *Dos direitos humanos aos direitos fundamentais*. Porto Alegre: Livraria do Advogado Editora, 1997.
HONÓRIO, Cláudia. *Olhares sobre o mínimo existencial em julgados brasileiros*. Dissertação de mestrado defendida no Programa de Pós-Graduação em Direito da Universidade Federal do Parana. Curitiba, 2009. Disponível em: <http://dspace.c3sl.ufpr.br/dspace/bitstream/handle/1884/17942/claudia1.pdf?sequence=1>. Acesso em: 9 maio 2014.
KANT, Immanuel. *Fundamentação da metafísica dos costumes*. Tradução de Paulo Quintela. Lisboa – Portugal: Edições 70, 2003.
KYMLIKA, Will. *Filosofia política contemporânea*: uma introdução. Tradução de Luis Carlos Borges. São Paulo: Martins fontes, 2006.

LAFER, Celso. *A reconstrução dos direitos humanos*: um diálogo com o pensamento de Hannah Arendt. 5. reimpressão. São Paulo: Companhia das Letras, 2003.

LEIVAS, Paulo Gilberto Cogo. *Teoria dos direitos fundamentais sociais*. Porto Alegre: Livraria do Advogado, 2006.

MACINTYRE, Alasdair. *Justicia y racionalidad*. Traducción y presentación de Alejo Jose G. Sison. 2. ed. Madrid – España: Ediciones Internacionales Universitarias, 2001.

MALINOWSKI, Bronislaw. *Crime costume na sociedade selvagem*. Tradução de Maria Clara Corrêa Dias. Brasília: Editora Universidade de Brasília; São Paulo: Imprensa Oficial do Estado, 2003.

MARCÍLIO, Maria Luiza e outro (Coords.). *Cultura dos direitos humanos*. São Paulo: LTr, 1998.

MENDES, Gilmar Ferreira; e BRANCO, Paulo Gustavo Gonet. *Curso de direito constitucional*. 6. ed. São Paulo: Saraiva, 2011.

_____. *Curso de direito constitucional*. 7. ed. São Paulo: Saraiva, 2012.

MIESSA, Élisson; CORREIA, Henrique. *Estudos aprofundados MPT (Ministério Público do Trabalho)*. 2. ed. Salvador: JusPODIUM, 2013.

MILARÉ, Édis. *Direito do ambiente*. 8. ed. São Paulo: Editora Revista dos Tribunais, 2013.

MIRANDA, Alessandro Santos de. *Ativismo judicial na promoção dos direitos sociais*. São Paulo: LTr, 2013.

MORAES, Alexandre de. *Direitos humanos fundamentais*. São Paulo: Atlas, 2000.

NASCIMENTO, Amauri Mascaro. *Teoria geral do direito do trabalho*. São Paulo: LTr, 1998.

NOBRE, Milton Augusto de Brito e SILVA; Ricardo Augusto Dias da (Coord.). *O CNJ e os desafios da efetivação do direito à saúde*. Belo Horizonte: Fórum, 2011.

NOVAES, Regina. *Direitos humanos*: temas e perspectivas. Rio de Janeiro: Mauad, 2001.

NOZICK, Robert. *Anarquia, estado e utopia*. Tradução de Vitor Guerreiro. Lisboa – Portugal: Edições 70, 2009.

OLIVEIRA, Almir de. *Curso de direitos humanos*. Rio de Janeiro: Forense, 2000.

ORGANIZAÇÃO INTERNACIONAL DO TRABALHO. *El trabajo en el mundo*. Ginebra – Suiza: Oficina Internacional del Trabajo, Volume 4, 1989.

PELÁEZ, Francisco J. Contreras. *Derechos sociales*: teoria e ideologia. Madrid – España: Tecnos, 1994.

PÉREZ LUÑO, Antonio Henrique. *La tercera generación de derechos humanos*. Navarra – España: Editorial Aranzadi, 2006.

PINHEIRO, Paulo Sérgio; GUIMARÃES, Samuel Pinheiro (Org.). *Direitos humanos no século XXI*. Brasília: IPRI; Senado Federal, 2002.

PIOVESAN, Flávia. *Temas de direitos humanos*. 2. ed. São Paulo: Max Limonad, 2003.

PORTELA, Paulo Henrique Gonçalves. *Direito internacional público e privado*. 4. ed. Salvador: JusPODIUM, 2012.

RABENHORST, Eduardo Ramalho. *Dignidade humana e moralidade democrática*. Brasília: Brasília Jurídica, 2001.

RAMOS, André de Carvalho. *Teoria geral dos direitos humanos na ordem internacional*. Rio de Janeiro: RENOVAR, 2005.

RAWLS, John. *Uma teoria da justiça*. 2. ed. Tradução de Almiro Pisetta e Lenita Maria Rímoli Esteves. São Paulo: Martins Fontes, 2002.

REZEK, Francisco. *Direito internacional público*: curso elementar. 13. ed. 2. tiragem. São Paulo: Saraiva, 2011.

ROCHA, João Carlos de Carvalho e outros. *Direitos humanos*: desafios humanitários contemporâneos: 10 anos do estatuto dos refugiados (Lei n. 9.474, de 22 de julho de 1997). Belo Horizonte: Del Rey, 2008.

RÚBIO, David Sánchez, FLORES, Joaquín Herrera, e CARVALHO, Salo de (Org.). *Direitos humanos e globalização*: fundamentos e possibilidades desde a teoria crítica. 2. ed. Porto Alegre: EDIPUCRS, 2010. Disponível em: <http://www.pucrs.br/edipucrs/direitoshumanos.pdf>.

SANDEL, Michael J. *Justiça – o que é fazer a coisa certa*. Tradução de Heloísa Matias e Maria Alice Máximo. Rio de Janeiro: Civilização Brasileira, 2011.

SARMENTO, Daniel; IKAWA, Daniela; PIOVESAN, Flávia (Coord.). *Igualdade, diferença e direitos humanos*. Rio de Janeiro: Lumen Juris, 2008.

SARLET, Ingo Wolfgang. *Dignidade da pessoa humana e direitos fundamentais na Constituição Federal de 1988*. 2. ed., revista e ampliada. Porto Alegre: Livraria do Advogado Editora, 2002.

_____ (Org.). *Direitos fundamentais sociais*: estudos de direito constitucional, internacional e comparado. Rio de Janeiro: Renovar, 2003.

_____. *Dignidade da pessoa humana e direitos fundamentais na Constituição Federal de 1988*. 4. ed. Porto Alegre: Livraria do Advogado Editora, 2006.

SARLET, Ingo Wolfgang; MARINONI, Luiz Guilherme; MITIDIERO, Daniel. *Curso de direito constitucional*. São Paulo: Editora Revista dos Tribunais, 2012.

SCAFF, Fernando Facury; ROMBOLI, Roberto; REVENGA, Miguel (Coord.). *A eficácia dos direitos sociais*. São Paulo: Quartier Latin, 2010.

SEN, Amartya. *Desenvolvimento como liberdade*. Tradução Laura Teixeira Motta. 3. reimpressão. São Paulo: Companhia das Letras, 2000.

_____. *Desigualdade reexaminada*. 2. ed. Tradução de Ricardo Doninelli Mendes. Rio de Janeiro: Record, 2008.

_____. *A ideia de justiça*. Tradução de Nuno Castello-Branco Bastos. Coimbra: Almedina, 2010.

SILVA, Sandoval Alves da. *Direitos sociais*: leis orçamentárias como instrumento de implementação. Curitiba: Juruá Editora, 2007.

TAYLOR, Charles. *Argumentos filosóficos*. Tradução de Adail Ubirajara Sobral. São Paulo: Edições Loyola, 2000.

THERBORN, Göran. *Do marxismo ao pós-marxismo*. Tradução de Rodrigo Nobile. São Paulo: Boitempo, 2012.

TORRES, Ricardo Lobo (Org.). *Legitimação dos direitos humanos*. Rio de Janeiro: Renovar, 2002.

VERBIC, Francisco. Human Rights adjudication in contemporary democracies: Courts' specific moral insight as a decisive advantage over legislatures (a modest and partial response to Jeremy Waldron's core case against judicial review, Brasília, Revista Jurídica da Presidência, v. 13, n. 100, p. 201-226, jul./set. 2011.

VITA, Álvaro de. *Justiça liberal*. Rio de Janeiro: Paz e Terra, 1993.

WALZER, Michael. *Esferas da justiça*: uma defesa do pluralismo e da igualdade. Tradução de Jussara Simões. São Paulo: Martins fontes, 2003.

_____. *Política e paixão*: rumo a um liberalismo mais igualitário. Tradução de Patrícia de Freitas Ribeiro. São Paulo: WMF Martins fontes, 2008.